특허 3.0 AI를 활용하여 지적재산 강국으로

저자 : 시라사카 하지메 / 역자 : 김은구

박영사

역자 인사말

저는 변리사이면서 평범한 경력을 쌓아왔습니다. 일반적인 대학교에서 이공학부를 졸업하고 97년에 변리사에 합격하여 지금까지 평범한 변리업무를 수행하고 있습니다.

우연히 시라사카 변리사를 소개받아 처음으로 화상회의를 진행하였습니다. 제가 운영하는 특허법인 유일하이스트에 대해 브로셔를 가지고 전형적인 방식으로 사무소를 소개하였습니다. 그 후 시라사카 변리사가 자신을 소개하기 시작했습니다. 시라사카 변리사는 자신의 facebook 계정을 열고 자신의 활동을 소개하면서 자신이 개발한 AI Samurai와 자신이 운영하는 특허법인에 대해서 소개하였습니다. 끝부분에는 방송에 출연하여 자신의 특허법인을 소개하면서 춤까지 추는 동영상을 보여주었습니다. 아울러, 자신이 쓴 책 『特許3.0 AI活用で知財強国に』도 소개하였습니다.

저는 시라사카 변리사의 독특한 경험과 일본을 특허강국으로 만들고 싶다는 생각에 깊은 감명을 받았습니다. 이에 따라 시라사카 변리사가 쓴 『特許3.0 AI活用で知財強国に』을 한국어로

번역하여 출판하겠다고 생각하였습니다. 시라사카 변리사의 허락을 얻어 이 책을 한국어로 번역하는 과정에서 이 책이 한국 정서에 어긋나지 않을까 걱정이 되었습니다. 그러나 이 책을 한국어로 번역하여 출판하면 한국 특허업계에 메시지를 전달할 수 있다는 생각을 하게 되어 한국어 번역을 완료하여 이렇게 출판하게 되었습니다.

저는 한국뿐 아니라 전세계에서 지적재산에 관련된 책들이 너무 적다는 생각을 하고 있었습니다. 지적재산 업계의 시장이 너무 작고 지적재산에 관련된 책은 전문적인 서적이라 독자의 폭이 너무 작기 때문이라고 생각합니다. 이런 지적재산 업계에 이 책이 조금이나마 보탬이 되고 싶습니다. 앞으로 지적재산에 관련된 책들이 많이 출판되기를 기원합니다.

저는 지적재산 업계에 큰 은혜를 입었습니다. 변리사라는 직업을 갖게 되었고, 특허법인 유일하이스트라는 사무소를 운영할 기회를 갖게 되었고, 송해모 변리사나 정의성 변리사, 김형기 변리사와 같은 영혼의 동반자를 얻게 되었습니다.

이 책을 한국어로 번역하여 출판하는 데 많은 분들에게 신세를 졌습니다. 당연히 원저자인 시라사카 변리사에게 큰 도움을 받았습니다. 한국어 번역문을 꼼꼼하게 검수해 준 사랑하는 내 아내 우경순 변호사, 추천사를 써준 SK이노베이션 이성용 부사장, 인텔렉추얼디스커버리 배동석 부사장, 현대기아차 윤승현 상무에게도 감사 인사를 전합니다.

추천사

AI의 발전은 지재권 분야에도 큰 영향을 미치고 있으며, 특허 전략과 실무에서도 적극적으로 활용되어 가고 있습니다. 일본 변리사의 경험과 노하우가 담긴 이 책을 한국에 소개해주신 김은구 대표변리사님의 노고에 깊이 감사드립니다. 김대표님은 언제나 변리사 업(業)의 확장성을 고민하시는 분으로, 다양한 분야의 지식에 늘 관심을 가지고 주변에 지식을 아낌없이 나누는 분입니다. 이번 번역서 역시 더 많은 분들에게 좋은 지식을 전하고자 하는 진심에서 비롯된 것으로 생각하며, 이 책이 한국 지식재산권 분야의 새로운 발전으로 이어지길 기대합니다.

– SK이노베이션 이성용 부사장

생성형 AI를 활용하여 특허개발을 해낼 수 있다면 기업들은 이를 적극 활용할 것으로 기대되는 AI시대(일명, ChatGPT)에 살고 있습니다. 그 이유는 생성형 AI시대의 장점으로 그들이 꼽은 점은, 변리사와 대화할 필요가 없어진다는 점이었습니다. 연구자들에겐 연구자들만의 커뮤니케이션 스타일이 있기 때문입니다. 변리사와는 여러모로 신경을 써야 하지만, 생성형 AI가 상대라면 연구자 스타일로 본심을 털어놓고 대화할 수 있기 때문에 대화할 때 정신적 부담이 전혀 없다고 할 수 있습니다. 물론, 생동감 있는 사람과의 직접적인 반응은 없겠지만, 텍스트를 통한 대화로 내용을 깊이 있게 다루는 것에 연구자들은 익숙하다는 것입니다.

또한 저자는 아이디어가 떠오르는 상황은 흔히 삼상(마상(馬上)·침상(枕上)·측상(厠上))이라고 말하는데, 사실 샤워를 하면서 아이디어가 떠오르는 경우도 종종 있습니다. 그런 순간에 스마트폰으로 생성형 AI(ChatGPT 등과)와 간편하게 대화하면, 아이디어가 확장될 가능성에 좀더 깊은 통찰을 갖고서 AI Samurai 시스템, IP LANDSCAPE 검색, ChatGPT 등의 AI를 활용해 특허 검색, 특허성 판단, 문서 작성 자동화 할 수 있는 실무적 방법론을 제시하고 있습니다.

특히 한때 세계 1위 IP국가였던 일본 IP파워가 미국과 중국에 역전되고 있다는 점에 대한 분석 및 향후 AI혁신적 활용을 통하여 중소기업들의 특허출원을 획기적으로 증가시켜서 다시금 IP 파워를 보여줄 수 있는 일본이 되어주기를 희망하고 있다는 점에서 우리에게 흥미를 불러일으켜주고 있습니다.

특허전쟁의 시대에서 위와 같은 주제의 일본 변리사의 서적을 적기에 발굴하여 국내 IP시장에 번역서를 출간해준 친구 김은구 변리사에게 무한한 감사를 표하고 싶고, 많은 후배들이 읽어봐주었으면 합니다.

– 인텔렉추얼디스커버리 배동석 부사장

인공지능 시대, 특허 전략의 새로운 지평을 열다

기술 혁신이 가속화되는 요즘, AI는 특허 분야에도 혁신적 변화를 가져오고 있습니다. 특허 전략, 출원, 심사, 관리 그리고 분쟁에 이르기까지, AI는 그 효율성과 정확성을 날로 높여가며 우리에게 새로운 미래를 제시하고 있습니다.

이 책은 바로 이러한 AI와 특허 전반의 융합에 대한 깊이 있는 통찰을 제공합니다. 단순히 AI 기술을 나열하는 것을 넘어, 실제 특허 업무에 어떻게 적용될 수 있는지 구체적인 사례와 함께 제시하며 독자들의 이해를 돕습니다. 특히 복잡하고 방대한 특허 전반을 AI의 시각에서 재해석하고, 이를 통해 얻을 수 있는 이점과 함께 잠재적인 도전 과제까지 균형 잡힌 시각으로 다룹니다.

특히, 자원이 부족한 중소기업과 변리사, 기업 내 특허 담당자 그리고 AI를 활용하여 업무 효율을 높이고자 하는 모든 분들에게 이 책은 필수적인 지침서가 될 것입니다. AI 시대에 발맞춰 특허 전략을 고도화하고, 빠르게 변화하는 지식재산 환경 속에서 경쟁력을 확보하고자 한다면 이 책을 통해 그 해답을 찾을 수 있을 것입니다.

이 책을 통해 특허의 미래를 엿보고, AI와 함께 더욱 스마트하고 효율적인 특허 업무를 수행하시길 바라며 강력히 추천합니다.

– 현대기아차 윤승현 상무

프롤로그

저는 변리사이지만, 다소 독특한 경력을 쌓아왔습니다. 일본에는 징병제가 없습니다만, 수업료가 무료인 자위대 학교가 있어서, 아버지가 일을 하지 않던 시기도 있었기에, 자위대의 간부를 양성하는 방위대학교 이공학부를 졸업하였습니다. 한국의 장교 후보생들도 방위대학교에 유학을 와있어서, 매우 강인한 인상을 받았습니다. 그 후 영상처리에 관심을 가지게 되어 요코하마 국립대학교 대학원에서 영상처리 연구에 매진했습니다. 영상기술과의 인연으로 후지필름 주식회사에 입사한 후 변리사의 길을 걷게 되었습니다.

변리사는 지식재산에 대한 전문가입니다. 구체적으로는, 지식재산권의 적절한 보호 및 이용 촉진을 주업무로 하며, 그 외에도 지식재산과 관련된 제도의 적절한 운영에도 관여합니다.

2011년, 저는 독립하여 국제 특허 사무소를 설립했고, 이후 나스닥 상장 빅데이터 분석 기업의 계열사 대표를 겸임하며 AI(인공지능)에 관심을 갖게 되었습니다. 2014년, 한국발명진흥회(KIPA)가 개발한 특허 분석 평가 시스템의 일본 내 판매를 담당하였습니다. 그 후 2015년에는 주식회사 AI Samurai를 창업하고, 이후 자연어 처리 AI를 지식과학의 관점에서 연구하여 호쿠리쿠 선단 과학기술대학원대학교에서 박사 학위를 취득하였습니다.

그동안 변리사로서 수많은 기업의 특허 취득을 지원하는 한편, 저 자신도 다수의 특허를 취득했습니다. 제가 취득한 특허들은 기본적으로 특허 취득의 노하우 및 효율적으로 신속하게 특허를 취득하기 위한 기술에 관한 것입니다.

그렇다면, 왜 변리사임에도 불구하고 특허 취득을 지원하는 기술 개발에 힘을 쏟고 있을까요? 가장 큰 이유는 세계 불황을 기술로 구하고 싶기 때문입니다. 방위대학교 출신으로 무상으로 수업을 받게 된 만큼, 어떠한 형태로든 세상에 기여하고 싶다는 마음이 싹텄습니다.

그래서 특허 분야에서 기술로 혁신을 일으키고 싶었습니다.

일본은 세계대전 이후 복구 시기부터 고도 경제 성장기에 이르기까지, 주로 해외에서 기초 기술을 도입하고 이를 개량하여 성장해왔습니다. 그 후로는 기술력에서도 해외를 능가하는 수준에 도달하며 'Japan is No.1'이라는 찬사를 받는 시대를 맞이했습니다. 당시 일본은 세계 특허출원 수에서 압도적인 1위를 차지하고 있었습니다.

그러나 이면에서는 미국을 중심으로 한 역공 전략이 착실히 진행되고 있었습니다. 미국은 정치인 다수가 변호사 출신으로, 어떻게 하면 분쟁에서 승리할 수 있을지를 항상 전략적으로 고민합니다. 물론 일본 기업들도 지식재산 전략을 소홀히 했던 것은 아니지만, 미국은 한층 더 노력했습니다.

그런 상황에서 약 10년 전부터 중국이 경쟁에 뛰어들었습니다. 현재 전 세계 특허출원 수는 중국이 압도적으로 많으며, 2022년 기준 연간 161.9만 건에 달합니다. 하지만 중국의 특허는 질적 수준이 다양하여, 그 중 95.5만 건은 질이 낮은 것이라 국가가 인정하고 있으며, 정부 차원에서 질 향상을 위해 노력하고 있습니다. 미국은 약 60만 건, 일본은 그 절반 수준인 약 29만 건에 불과합니다.

90년대에 일본이 세계 1위를 기록했던 특허출원 수는 현재 크게 감소하고 있으며, 지속적으로 줄어드는 추세입니다.

그 이유는 여러 가지가 있겠습니다만, 가장 큰 이유 중 하나는 중소기업의 특허출원이 적다는 점입니다. 일본 기업의 99.7%를 중소기업이 차지하고 있음에도 불구하고, 특허출원 비율은 전체의 17%에 불과합니다.

왜 중소기업의 특허출원이 적을까요? 두 가지 이유가 있습니다. 첫째, 대기업에 비해 인력·물적 자원, 정보 등 리소스가 부족하기 때문입니다. 둘째, 경영자들이 특허출원을 고려하지 않는 경우가 많기 때문입니다. 대기업의 하청업체로 안정적인 사업을 영위하던 시대에는 굳이 자체 기술을 개발하여 특허를 취득할 필요성을 느끼지 못했습니다. 가령 독창적인 기술을 개발했다고 하더라도, 특허 취득까지의 과정이 복잡하고 비용이 많이 들기 때문에 특허를 취득하기보다는 기술을 숨기는 것이 더 낫다고 판단했을 수도 있습니다.

그래서, 일본이 쇠퇴한 것은 아닐까? 중국의 이례적인 특허 취득 수의 증가세는, 국가 차원의 정책 지원이 뒷받침되고 있기 때문입니다. 특허는 국력을 뒷받침하는 중요한 역할을 합니다.

저는 '일본 부흥을 위해 조금이라도 독창적인 아이디어가 떠오르면 꼭 특허를 취득했으면 좋겠다'는 그런 마음으로 특허 취득을 지원하는 시스템을 개발했습니다.

방위대학교에서 저는 다양한 전략적 사고를 배웠습니다. 전략이란 단순히 상대를 이기는 것이 아니라, 손실을 최소화하면서 경쟁 우위를 유지하는 것이 핵심입니다. 특허 분야에서도 중국이나 미국과 맞서 싸우기보다는, 압도적인 우위를 확보한 상태에서 공존과 번영을 모색하는 것이 낫지 않을까요?

그렇다면 이를 실현하기 위해서는 어떻게 해야 할까요? 본서에서는 중소기업과 스타트업, 나아가 학생과 어린이들까지 자신의 아이디어를 특허로 활용하여 일본 산업을 부흥시키는 길을 모색해보고자 합니다.

한국에서도 제 방법이 도움이 될 수 있는 부분이 있다면 참고해 주시면 감사하겠습니다.

목 차

제1장

스타트업의 특허출원

제1장

스타트업의 특허출원

옥스퍼드 박사 3명이 창업한 스타트업

영국 옥스퍼드 대학원에서 우연히 알게 된 세 명의 일본인 박사(Ph.D)가 있었습니다. 연구 분야는 전혀 달랐지만, 이상하게도 서로 잘 맞았고, 자연스럽게 스타트업을 창업하게 되었습니다. 그 회사가 바로 TresAlchemix 주식회사이며, 법인 등록 본사는 일본 후쿠오카시에 위치하고 있습니다.

이 회사를 창업한 인물은 옥스퍼드에서 의학을 전공한 H씨, 화학을 전공한 Y씨, 정보공학을 전공한 M씨의 세 명입니다. 이들의 공통점은 같은 시기에 옥스퍼드에 있었다는 것뿐입니다. 일본에서 자란 환경도, 관심 분야도 전혀 달랐지만, 이상하게도 함께 이야기를 나누다 보면 즐거웠습니다. 그래서 주말이 되면 늘 펍(Pub)에서 맥주를 마시며 각자의 연구에 대해 이야기를 나누곤 했습니다.

참고로 지금도 H씨는 옥스퍼드에서 연구를 지속하고 있으며, Y씨는 일본 국립대학에서 조교수가 되었고, M씨는 포르투갈의 대학에서 연구직으로 일하고 있습니다. 정말로 세 사람은 각기 다른 길을 걷고 있지만, 그럼에도 불구하고 스타트업을 창업했습니다. 그 배경에는 세 사람의 강한 의지가 있었습니다.

세 사람이 모두 참여하고 있는 것은 이른바 기초 연구입니다. 연구자에게 기초 연구란, 실용성에 얽매이지 않고 순수하게 연구의 재미를 추구할 수 있는 영역입니다. 그래서 그들은 일본을 떠나 옥스포드까지 가서 연구에 몰두하려고 생각했던 것입니다. 하지만 연구가 너무 좋아서, 단순히 그런 마음만으로 이 세계에 들어갈 수 있는 것은 아니었습니다.

옥스퍼드는 전 세계에서 선별된 엘리트들이 모이는 학문의 장입니다. 아무리 들어가고 싶어도 쉽게 뛰어들 수 있는 세계가 아닙니다. 그 곳에 모인 연구자들은 저마다 뛰어난 능력을 갖추고 있으며, 그 중에서도 특히 두드러지는 실적과 재능을 나타낸 사람만이 옥스퍼드 대학원의 박사 학위를 받을 수 있습니다.

즉, 이 세 명은 모두 기초 연구자로서 능력을 충분히 인정받은 인재들입니다. 앞으로도 각자 자신의 전문 분야에서 기초 연구를 더욱 깊이 파고들 것입니다. 그런 각오는 이미 굳어졌지만, 세 사람의 마음속에는 공통적으로 숨겨진 하나의 의문이 있었습니다.

“우리가 참여하고 있는 기초 연구는 각 분야에서 세계 최전선에 있는 것은 분명하다. 하지만 그 연구가 현실 문제 해결에 도움이 될 수 있을까? 우리의 능력을 활용해 사회에 기여할 수 있을까?" 이러한 의문을 품고 있던 세 사람의 생각은 결국 하나의 목표로 모아졌습니다. 즉, 세 사람의 지식을 활용하면 현실적인 사회 문제를 해결할 수 있지 않을까 하는 깨달음이 생겼습니다. 이 깨달음은 점차 "우리의 특기 분야를 활용해 사회 문제 해결에 기여하고 싶다"는 강한 열망으로 이어졌습니다.

그 후, 매주 한 번씩 모이던 펍에서의 만남은 단순히 자신의 연구 분야를 넘어, 사회 문제 해결 수단을 논의하는 자리로 변해갔습니다.

엄청난 가능성을 가진 기술

세 사람의 지식을 활용하면 무엇을 할 수 있을까? 논의를 거듭한 끝에 도달한 결론은 제약 산업이었습니다. 하지만 직접 약을 만드는 것이 아니라, 연구자로서 쌓아온 세 사람의 능력을 결집시켜 약효를 시뮬레이션하는 AI 플랫폼을 만들 수 있다고 생각한 것입니다.

새로운 약을 개발하는 신약 개발 과정에서 가장 큰 병목 현상은 약물 후보 물질의 효능 판별입니다. 제약 기업들은 수많은 종류의 화합물을 만들고 그 효능을 다양한 실험을 통해 시험합니다. 일반적으로 invitro(시험관 내 실험)에서 효과가 있을 것으로 판단되면, invivo(동물 등 생체 내 실험)로 넘어가며, 이후 효과가 확인되면 임상 시험이 진행됩니다. 또한 최근에는 invitro 이전이나 invitro와 invivo 사이에서 insilico(컴퓨터 시뮬레이션)를 통해 효능을 추정하는 방법도 활용되고 있습니다.

그러나 최종적으로는 인체에 직접 투여하여 보고 예상한 효과가 나타나는지를 반드시 확인해야 합니다. 생명 현상을 컴퓨터로 해석하는 바이오인포매틱스(Bioinformatics)의 발전으로 신약 개발 과정이 점차 단축되고 개선되고 있기는 하지만, 이 과정에는 막대한 시간과 예산이 소요됩니다.

이러한 상황을 개선할 방법으로 세 사람은 약의 효과를 예측하는 AI 플랫폼을 떠올렸습니다. 의학, 화학, 정보 공학에 대한 최전선 연구자들만이 떠올릴 수 있는 아이디어였습니다. 인체에 투여된 새로운 화합물이 인체 내에서 어떻게 움직이며, 최종적으로 어떤 효과를 나타낼 것인지를 AI의 힘으로 풀어내는 것입니다. 이를 실현할 수 있다면, 그 화합물이 타겟 병을 치료할 수 있을지, 혹은 부작용이 예상될 경우 그 정도까지도 예측할 수 있게 됩니다.

세 사람이 목표로 한 것은, 그 예측 결과를 확률로 수치화하여 평가할 수 있는 AI 플랫폼이었습니다.

과연 특허를 받을 수 있을까?

Y씨의 발상에서 아이디어가 생겨났고, 의학 배경을 가진 H씨와 시뮬레이션에 능숙한 M씨의 지식을 바탕으로 그 아이디어에

는 참신함과 사회적 가치가 있을 것 같다는 결론에 도달했습니다. 그러나 계획이 구체화되면서 점점 신경 쓰이기 시작한 것은 선행 사례의 존재였습니다. 우리가 생각할 수 있는 아이디어라면 다른 누군가도 이미 생각했을 가능성이 있다는 것입니다. 아이디어 단계라면 괜찮지만, 만약 어디선가 이미 특허가 출원된 경우, 후발 아이디어는 특허권 침해라는 리스크가 있습니다.

세 사람은 연구자이지만 선행 특허에 대해선 전문가가 아니었기에, 어떻게 조사해야 할지도 몰랐습니다. 물론 특허 조사를 연구를 진행하는 것과 같은 자세로 접근했으며, 일정 부분 목표를 설정할 수 있었고, 그 시점에서는 선행 특허를 찾을 수 없었습니다.

하지만 아마추어적인 판단으로 접근하는 것은 리스크가 너무 컸습니다. 각각이 현역 연구자로서 맡고 있는 테마를 진행하면서도 새로운 부담을 안고 AI 플랫폼의 실용화에 착수하는 만큼, 가능한 한 리스크는 억제하고 싶었습니다. 그래서 변리사를 찾기로 했고, Y씨의 대학 시절 인맥을 통해 저에게 연락이 오게 되었습니다. 참고로 Y씨의 대학 시절 친구가 스타트업을 시작했는데, 제가 그쪽을 도왔던 인연이 있었습니다.

이 시점에서, 제가 개발한 특허 검색 시스템 'IP LANDSCAPE 특허 검색'을 사용해 선행 특허를 분석하고, 또 'AI Samurai'라는 시스템으로 특허성을 AI로 평가한 결과, 진보성을 만족할 가능성이 높다는 판정을 받았습니다. 그리하여 본격적인 특허출원으로 진행하게 되었습니다.

연구자에게 변리사와의 소통은 낯선 작업

상담을 받은 후에, 가장 먼저 시작한 작업은 선행 특허 조사였습니다. 이를 위해 IP LANDSCAPE 특허 검색을 최대한 활용해 조사한 결과, 그 시점에서는 선행 특허가 존재하지 않음을 확인할 수 있었습니다.

그 이후, 연구자들과 변리사 간의 소통이 시작됩니다. 우선 연구자들이 자신들의 아이디어를 문서화하여 보내옵니다. 이를 받은 후, 우리는 그 내용을 특허 문서 형식으로 다시 작성하여 되돌려 보냅니다.

특허 문서 형식으로 바꾸다 보면, 기술의 핵심이 다소 모호해지는 부분이 생기기 때문에, 연구자들이 그 특허 문서 형식의 문서에 다시 덧붙여 수정한 뒤 보내옵니다. 이에 대해 우리는 다시 변리사 입장에서 손을 봅니다.

이와 같은 소통을 여러 번 반복하며 진행되었습니다. 이 과정에는 문서로의 소통뿐만 아니라 온라인 미팅도 있었습니다. 미팅을 진행하면서, 첫 특허출원을 하는 연구자들이 분명히 당황하고 있음을 알 수 있었습니다. 아마도 연구자들 간의 토론과 변리사와의 대화에는 그들에겐 큰 차이가 있었을 것입니다. 아마도 연구자들보다 저희가 나이가 조금 더 많았던 것도 영향을 미쳤을 가능성이 있습니다.

연구자들은 매우 조심스럽게 이야기했으며, 그럼에도 아이디어의 핵심 부분에 대해서는 결코 오해가 생기지 않도록 말을 아끼지 않으며 이야기하는 인상이 강하게 남았습니다.

후에 그들로부터 들은 이야기들 중에는 다음과 같은 코멘트가 있었습니다.

"무엇보다 PCT 출원(국제특허출원)을 하고 나서 특허성에 대한 의견을 받는 데 이렇게 시간이 걸릴 줄은 몰랐다."

특수한 내용이었기 때문에, 면담 후 PCT 출원을 하고, 의견을 받기까지 실제로 6개월 정도의 시간이 걸렸습니다.

"변리사와의 미팅이 끝날 때마다, 매번 정말로 지쳐 있었다."

우리에게 신경을 쓰면서 이야기하는 모습이 뼛속까지 느껴졌습니다. 그러나 발명의 핵심에 관련된 부분에서는 절대 타협하지 않겠다는 강한 결단도 느껴졌습니다.

"무엇보다 오해가 생기지 않도록 이야기할 필요가 있었다. 그래서 말을 선택하는 데 매우 신중했다."

서로 평소에 사용하는 전문 용어가 달라서, 상호 이해를 쌓는 데 어려움이 있었다는 점을 잘 알게 되었습니다.

어쨌든, 6개월의 시간을 거쳐 특허출원부터 PCT출원까지의 절차는 모두 무사히 끝났고, 발명의 특허성이 인정된다는 의견을 받은 후, 현재는 각국으로의 국내 단계 진입 여부를 검토하는 단계에 있습니다.

특허를 통한 아이디어 확산

그들과 함께 특허출원을 진행하는 동안, 나는 본서의 제3장에서 설명할 'AI 특허 평가 시스템' 및 'AI 특허 문서 작성 시스템'의 개발을 진행하고 있었습니다. 이후에는 대화형 AI로서 ChatGPT를 활용한 특허 문서 작성 시스템 개발에도 착수하였습니다. 이러한 일련의 시스템을 그들에게 설명하고, AI를 활용하지 않은 기존의 특허출원 프로세스를 경험한 그들의 평가를 들어보았습니다.

그들이 가장 크게 기대한 부분은 생성형 AI를 활용한 시스템(자세한 내용은 본서의 제5장에서 다룬다)이었습니다. 그들은 이 시스템에서 무엇을 기대하고 있을까요?

최대의 장점으로 그들이 꼽은 점은, 변리사와 대화할 필요가 없어진다는 점이었습니다. 물론, 저희를 싫어한다는 얘기가 아니라는 점을 강조했습니다. 연구자들에겐 연구자들만의 커뮤니케이션 스타일이 있기 때문입니다. 변리사와는 여러모로 신경을 써야 하지만, 생성형 AI가 상대라면 연구자 스타일로 본심을 털어놓고 대화할 수 있기 때문에 대화할 때 정신적 부담이 전혀 없다고 했습니다. 물론, 생동감 있는 사람과의 직접적인 반응은 없겠지만, 텍스트를 통한 대화로 내용을 깊이 있게 다루는 것에 연구자들은 익숙하다는 것입니다.

게다가 변리사와 대화를 하려면, 온라인으로 장소의 제약이 없어졌다고 하더라도 시간을 맞출 필요가 있습니다. 그러나 생성형 AI가 상대라면, 시간 제약도 전혀 없어진다는 것입니다.

즉, 아이디어가 떠오르면 그 순간에 바로 대화를 나누고, 떠오른 아이디어가 특허가 될 수 있을지 그 자리에서 판단할 수 있다는 점입니다. 아이디어가 떠오르는 상황은 흔히 삼상(마상(馬上, 말 위) · 침상(枕上, 침대 위) · 측상(厠上, 변기 위))이라고 말하는데, 사실 샤워를 하면서 아이디어가 떠오르는 경우도 종종 있다고 합니다. 그런 순간에 스마트폰으로 생성형 AI와 간편하게 대화하면, 아이디어가 확장될 가능성이 있습니다.

더 나아가, 아이디어에 대해 생성형 AI와 대화하면서 아이디어의 폭이 넓어지거나, 더 깊이 파고들 수 있다는 점도 언급했습니다. 연구자들은 매일 무언가의 아이디어를 떠올리고 있습니다. 그런 아이디어들을 생성형 AI와 브레인스토밍할 수 있다면 특허가 탄생할 가능성이 크게 높아질 것이라고 말합니다.

마지막으로 "생성형 AI를 활용한 특허 문서 작성 시스템이 완성되면, 꼭 바로 알려주세요. 우리 비즈니스를 진행하는 데에도 매우 유용하게 활용할 수 있을 것 같습니다"라고 말해주었습니다.

참고로, 획기적인 특허로 진보성이 있다고 평가된 TresAlchemix 주식회사의 PCT 출원에 대한 견해서 결과는 아래의 그림과 같습니다.

국제조사기관의 견해서

국제출원번호
PCT/JP2022/044294

제5란	신규성, 진보성 및 산업상 이용 가능성에 대한 PCT 규칙 43의 2.1(a)(i)에 근거한 견해 및 그 견해를 뒷받침하는 문헌 및 설명		
1. 견해			
신규성 (N)	청구항	1-17	있음
	청구항		없음
진보성 (IS)	청구항	1-17	있음
	청구항		없음
산업상 이용 가능성 (IA)	청구항	1-17	있음
	청구항		없음

제2장

중소기업과 스타트업이야말로 지적재산으로 싸워야 할 시대

제2장

중소기업과 스타트업이야말로 지적재산으로 싸워야 할 시대

급감한 일본의 특허출원

일본의 연간 특허출원 수는 최고 약 44만 건에 달했으나, 2023년은 29만 건 정도로 15만 건이나 감소했습니다. 과거 최고 기록은 2001년에 달성되었으며, 당시 일본은 세계에서 No.1이었습니다. 그러나 지금은 그 전성기의 3분의 2 수준으로 떨어지며, 세계 3위에 머물고 있습니다.

왜 이런 상황에 처하게 되었을까요? 전후 일본 기업의 성장과 쇠퇴를 특허출원 수를 통해 확인할 수 있습니다.

일본 기업들은 패전 이후 복구 과정에서 해외 기업을 벤치마킹하며 기술을 모방하고, 그 위에 개선을 더해 성장했습니다. 그러한 상태에서 결국 고도 경제 성장기에 접어들면서, 자사의 우위를 지키기 위해 대기업들은 특허 대량 출원 전략을 펼쳤습니다.

그때 특허 업계에서 자주 들었던 슬로건은 “특허는 하나만 가지면 의미가 없다”였습니다. 이 말은, 하나의 주제에 대해 여러 개의 특허를 가지고 있지 않으면 경쟁 전략으로서 효과가 없다는 뜻입니다. 그러나 여러 개의 특허를 출원하려면 비용이 많이 듭니다. 좋은 아이디어가 있어도 중소기업에겐 손쉽게 도전할 수 없는 세계의 싸움이었습니다. 그래서 일본에서는 자연스럽게 특허출원은 대기업만 하는 것으로 여겨지게 되었습니다.

그러나 본래 특허는 ‘작은 것이 큰 것을 제압하는’ 무기이며, 중소기업이 활용해야 할 것입니다. 하지만 그런 상황이 되면 대기업은 어려움을 겪을 수밖에 없습니다. 그래서 우수한 기술을 가진 중소기업의 특허출원은 가능한 한 막아두려 했고, 그래서 특허 하나만 취득하면 의미가 없다고 어필했던 것입니다.

또한, 미국의 특허 전략이 변화한 영향도 무시할 수 없다고 생각합니다. 전후 한동안 미국도 일본을 확실히 자유주의 진영에 끌어들이기 위해 복구를 지원해 주었습니다. 하지만, 어느새 일본이 미국을 추월할 정도로 성장하자, 그것을 간과할 수 없게 되었을 것입니다.

이로 인해 고도 경제 성장기에는, 일본 기업들이 미국에 진출해 성공하면 특허 침해로 소송을 당하고 패소하는 사례가 잇따랐습니다. 원래 미국의 요소 기술(core technology)을 모방하고 이를 개선한 부분이 일본에서는 특허로 인정되었던 것입니다. 그래서 그런 기술을 국내에서 사용하는 것은 괜찮았지만, 본고장인 미국에서 사용하면 소송에 걸려 패소하고, 거액의 배상금을 물게 됩니다.

그래서 일본도 요소 기술의 개발을 해야 한다고 생각하게 되었고, 대기업을 중심으로 연구소 붐이 일어났습니다. 기업 연구소에 대해서는, 미국에서는 일찍부터 AT&T의 벨 연구소 등에서 요소 기술 연구를 진행했으나, 실용화로 잘 이어지지 않았습니다. 그래서 자신들은 기초 연구를 하지 않고, 다른 나라에서의 기초 연구 결과가 제품화되면, 그것을 버전업한 모방품을 전개하는 전략으로 전환한 것입니다. 일본의 성장을 지탱한 모방 전략을 이제 미국이 모방한 셈이고, 현명한 선택이라고 생각합니다.

기업의 연구소에서 제로에서 하나의 비즈니스 아이디어를 창출하는 것은 상당히 난이도가 높은 작업입니다. 이것이다 싶은 아이디어라도, 그것이 마케팅 용어로 말하는 '새로운 낚시터(釣り場)', 즉 새로운 시장을 창출할 수 있는지를 생각해 보면, 그 확률은 결코 높지 않습니다. 오히려 이미 낚시터로 알려진 곳에서 특허나 개선된 특허를 많이 내는 것이 더 좋습니다. 이것도 낚시에 비유하자면, 확실히 잡을 수 있는 장소에서 새로운 미끼나 낚시 방법을 고안하는 것이 비즈니스로 성공할 확률을 높입니다.

물론 참신한 아이디어라면 특허를 받는 것이 더 쉬워집니다. 그래서 연구소들끼리 특허 수를 경쟁하던 시절의 대기업들은 무조건 특허를 다수 출원하는 것에 집착했습니다. 그러나 특허를 얻은 아이디어가 비즈니스가 되는 것은 보장되지 않습니다. 한편, 특허출원에는 당연히 비용이 듭니다. 그럼에도 불구하고 기업의 실적이 우상향하고 있는 시절에는 그 비용도 어느 정도 감당할 수 있었습니다.

지적재산 전략, 일본의 쇠퇴의 역사

일본의 지적재산 전략의 역사를 간단히 되돌아보면, 2006년까지는 경쟁사에 대한 우위를 유지하기 위해, 거대한 특허 포트폴리오를 구축하려고 노력했습니다. 그저 다수 특허를 출원하는 전략이었습니다.

그러나 리먼 쇼크 이후에는 글로벌 전개에 나서며, 지적재산 경영 전략을 비용 관리를 의식한 방향으로 전환합니다. 특허출원 수는 줄여가면서 질을 향상시킨 특허 포트폴리오를 구축하고, 유럽과 미국뿐만 아니라 BRICS 국가들에서도 출원을 강화합니다.

그 계기는 리먼 쇼크로 인한 불경기였으며, 업적 부진에 따라 비용 절감을 요구받게 된 것입니다. 지적재산에 대해서도 비용 절감을 위해 출원 수를 제한하게 되었습니다. 하지만 단순히 출원 수를 줄이는 것만으로는 부정적인 이미지가 붙을 수 있기 때문에, 수보다는 질이 중요하다고 강조했던 것으로 보입니다.

바로 그 시점에 애플이 iPhone을 출시했습니다. 아마도 일본의 대기업들은 iPhone을 보고 대단한 신제품이라고 생각하면서도, 애플은 결국 벤처기업이기 때문에 크게 대단한 일이 아닐 것이다라고 생각하고 한 걸음 물러섰을 가능성이 있습니다. 작은 것이 큰 것을 뒤엎는 사례는 일본에서는 없었기 때문에, 애플을 모방하려는 움직임은 일어나지 않았습니다. 그 점에서 한국 제조업체들은 빠르게 대응했고, 조금 뒤늦게 중국도 뒤따라 갔습니다. 그리고 지금은 중국의 도시에서는 스마트폰 없이는 쇼핑조차 할 수 없는 사회가 되었습니다.

이전의 일본은, 자신들보다 강한 미국을 모방하며 성장해 왔습니다. 그러나 어느 정도 강해지자 자신들보다 약한 곳을 모방하려는 시도는 하지 않았습니다. "Japan as No.1"이라고 불리며, 오해를 하게 되었을 것입니다.

일본 기업들이 이른바 대기업병에 걸리기 시작했다고 생각됩니다.

한편, 일본 소비자도 특히 가전 제품에 대해서는 일본의 대기업 제조업체 외에는 관심을 두지 않았습니다. 일본 제품은 고품질이고 안심할 수 있다고 생각했지만, 한국이나 중국 제조업체의 제품은 가격이 저렴하지만 품질이 낮다고 인식했습니다. 그러나 인도 등에서는 에어컨이라면 한국 제품이 비용 대비 퍼포먼스가 좋다고 평가받고 있다고 합니다.

다만 그런 정보는 일본에서 보도되지 않아서, 모두 알지 못했습니다.

영리한 미국의 움직임

그런 일본과 비교하면, 두드러지게 영리한 나라는 미국입니다. 미국은 특허뿐만 아니라, 정치에서도 규칙을 변경하는 데 능숙합니다. 그 가장 큰 이유로 생각되는 것은 미국이 변호사 사회라는 사실입니다.

미국에서는 어떤 일이든 변호사가 이익을 챙길 수 있는 시스템을 가장 먼저 고려합니다. 실제로, 미국 국회의원들 중에 변호사 출신이 많습니다. 오바마 전 대통령이나 힐러리 클린턴, 현재의 바이든 대통령도 변호사 출신이며, 실업가 출신으로 대통령이 된 사람은 최근의 트럼프 정도일 것입니다.

유명한 로펌이 초기 애플에 투자했듯이, 스타트업의 특허 취득을 지원하고 이후 돈을 잘 벌고 있는 변호사들도 많습니다. 참고로 일본에서는 변호사 출신 국회의원이 몇 퍼센트 이하로만 존재하는데, 이런 차이가 미일 국가 전략의 전개에 드러나는 것 같습니다. 이러한 상황은 특허와 관련된 환경에 큰 영향을 미칩니다.

원래 특허 제도의 기원을 찾자면, 중세 이탈리아 베네치아까지 거슬러 올라갑니다. 세계 최초의 특허는 피렌체 공화국의 건축가 필리포 브루넬레스키(Filippo Brunelleschi)에게 부여되었습니다. 그 대상이 된 것은 거대한 대리석을 운반하는 배의 발명입니다.

이 배를 만든 브루넬레스키는 모방 당하는 것을 싫어하므로, 배 만드는 방법을 누구에게도 가르치고 싶지 않았습니다. 하지만 그렇게 되면 국가의 발전을 기대할 수 없기 때문에, 국왕이 독점권을 주는 대신 배 만드는 방법을 문서화해 공개하게 했습니다. 이것이 특허의 기원입니다.

그 후, 1474년 베네치아 공화국에서 세계 최초의 성문 특허법인 '발명자 조례(Inventor Ordinance)'가 제정되었습니다.[1] 그리고 1624년 영국에서 '전매 조례(Statute of Monopolies)'가 성문 특허법으로 제정되었고, 이 조례로 오늘날까지 이어지는 특허 제도의 기본 개념이 형성되었습니다.

미국에서 헌법 규정에 기반해 특허법이 제정된 것은 1790년입니다. 16대 미국 대통령인 에이브러햄 링컨은 자신도 특허를 취득하며 특허를 통한 산업 진흥에 힘썼습니다. 링컨은 "특허 제도는 천재의 열정이라는 불꽃에 이익이라는 기름을 부은 것"이라는 말을 남겼습니다. 이 말은 지금도 미국 상무부의 입구에 걸려 있습니다. 참고로 링컨도 변호사였습니다.

특허에 대해 원래부터 전략적 사고를 가지고 있는 미국은, 세계에서 경쟁 우위가 흔들리기 시작하면 대책을 생각합니다. 그래서 2006년에 민사소송법을 개정하여 만든 것이 'E－Discovery' 제도입니다.

E－Discovery는 민사소송에서 전자 데이터를 증거로 제출하는 절차로, 이메일을 포함한 전자 데이터를 수집, 보존하고, 정보 분석 및 보고서 작성까지의 일련의 절차를 변호사 사무소와 협력하여 제공해야 합니다.

E－Discovery의 기반이 된 미국의 Discovery 제도에서는, 소송의 당사자들이 소송에 관련된 모든 증거를 공개해야 했습니다. 이 절차가 IT화되면서 종이 없는 방식으로 전환되었고, 대부

분의 증거가 디지털 데이터화되어 E－Discovery 제도로 이동한 것입니다.

그 결과, 무슨 일이 일어났냐 하면, 재판에서 검토해야 할 텍스트 데이터 양이 이전의 1만 배 정도로 증가했습니다. 디지털 데이터는 보관도 쉽고 접근도 용이합니다. 이 방대한 양의 데이터를 읽는 사람은 소송에 관련된 변호사입니다. 즉, 변호사의 작업량이 증가하고, 보수도 늘어나게 된 것입니다.

세계의 특허 제도를 이끄는 나라는 미국이기 때문에, 자신에게 유리하도록 제도를 변경하는 것은 당연한 일이라고 할 수 있습니다. 이러한 상황을 미국 기업들은 잘 활용하고 있으며, 유럽 기업들도 마찬가지입니다. 그 사이에 급격히 끼어들고 있는 것이 중국이며, 중국에 대해 미국은 상당한 경계심을 가지고 있습니다.

급속히 힘을 키우는 중국

중국은 2001년 12월에 WTO(세계무역기구)에 가입한 이후, 급격한 경제 성장을 이루었습니다. 당시 일본의 약 30%에 불과했던 GDP는 2021년에는 일본의 3배로 불어났습니다.

그 중국의 지적재산 전략을 돌아보면, 처음부터 유럽과 미국과 같은 지적재산 제도를 도입했습니다. 지적재산의 침해에 대해서도 미국과 같은 시스템을 채택하고 있었습니다.

미국에서는 특허를 고의로 침해한 경우에는 3배 배상이 요구

됩니다. 3배 배상은 미국 특허법 제284조에 근거한 제도로, 특허권 침해 소송에서 침해자가 고의로 특허권을 침해한 것으로 인정되면, 법원은 배상액을 3배로 늘릴 수 있습니다. 즉, 특허 침해에는 그 정도의 처벌이 가해져야 한다는 생각에 근거한 제도입니다.

특허 침해 소송에서는 E-Discovery 제도를 통해 원고와 피고 양측의 데이터가 모두 공개되므로, 매우 진실되고 공정하게 소송이 진행됩니다. 그로 인해 피고측이 질 가능성이 높습니다. 중국도 유사한 배상 제도를 채택하고 있으며, 미국의 3배 배상에 대해 5배 배상 제도를 채택하고 있습니다.

특허 취득에 있어서는 고도 경제 성장기 일본의 지적재산 전략을 도입하면서, 특허 침해에 대해서는 가장 앞서가는 미국의 규칙을 교묘하게 혼합하고 있습니다. 그 위에서 특허출원에 대해서는 국가 차원에서 대량 출원을 지원하고 있으며, 2021년의 출원 수는 158만 6천 건으로 단연 세계 1위를 차지하고 있습니다. 2위인 미국은 59만 1천 건, 3위인 일본은 28만 9천 건으로, 중국의 압도적인 차별화가 두드러집니다.

이 배경에는 연구 개발에 대한 집중이 있으며, 연구 개발비의 증가율은 미국의 2배입니다. 그 성과는 최고 논문 수에도 나타나, 2022년 9월에는 피인용 상위 1%의 논문 수(논문의 피인용 수가 각 연도 및 각 분야의 상위 1%에 해당하는 논문을 추출한 후, 실수(実数)로 논문 수의 100분의 1이 되도록 보정한 논문 수)에서 중국이 미국을 제치고 세계 1위를 차지했습니다(「과학기술 지표 2023[2]」/

문부과학성 과학기술·학술 정책 연구소에서 발행).

참고로 일본은 피인용 상위 1% 논문에 대해 세계 10위로 저조한 추세가 계속되고 있습니다.

이전에 중국의 특허에 대해 내용이나 질이 낮다는 지적도 있었지만, 그것도 개선되는 추세입니다. 중국은 국책으로 세계의 공장이라 불리던 하청 체질에서 벗어나, 결국 경제에서 미국 의존도를 줄여 자립을 목표로 하고 있으며, 지적재산 강국을 목표로 하는 움직임도 활발히 진행되고 있습니다.

주의해야 할 점은, 중국은 자주 자화자찬하는 경향이 있다고 여겨지지만, 적어도 특허 관련 정책 문서에서는 자국의 현황을 냉정하게 분석하고 있다는 점입니다. 중국의 특허에 정통한 전문가에게 들은 말에 따르면, 예전의 중국은 가짜 대국이라고 불렸고, 실제로 그랬지만, 그러한 상태를 계속 유지해서는 미국에 절대 이길 수 없다는 인식이 확산되었고, 혁신의 필요성을 절감하게 되었다고 합니다.

중국 공산당 내에서 열리는 집단 학습의 자리에서, 2020년 11월에는 지적재산이 주제로 다뤄졌습니다. 여기에는 시진핑 국가주석도 참여하여, 지적재산 보호는 혁신 보호로 이어진다는 생각을 내세웠습니다. 특허출원에 대해서도 우선 양을 중시하고 있으며, 이후에는 질로 전환할 것으로 예상됩니다.

또한 무시할 수 없는 것은 지적재산 관련 분쟁의 급증입니다. 민사 1심의 침해 소송 중 특허권에 관한 건수가 연간 12만 건에 달하고 있습니다. 일본의 연간 200건 정도와 비교하면, 중국의 규모를 실감할 수 있을 것입니다.

이 중국에 대해 일본은 어떻게 대처해야 할까요? 아시아 전체에서의 공존공영을 생각하는 것이 한 방법이라고 생각합니다. 중국을 비롯한 한국, 인도, 대만 등을 잘 끌어들여 공존공영하는 전략입니다.

전략적 사고에 기반하면, 중국과 영리하게 우호 관계를 맺는 선택도 가능하다고 생각합니다. 우호 관계를 맺어 중국에 의한 지적재산 침해 리스크를 경감할 수 있다면, 미국에 일방적으로 의존할 필요도 없을 것입니다. 물론 그렇다고 해서 미국에 맞서 싸운다는 의미는 아닙니다.

중국과 미국 사이에 위치한 일본만의 독자적인 포지션을 적절하게 활용해야 합니다. 예를 들어, 중국은 미국의 시스템을 사용할 수 없지만, 일본은 사용할 수 있습니다. 중국과의 관계를 좋은 방향으로 이끌어 가면, 중국의 시스템도 사용할 수 있게 될 것입니다. 양국의 좋은 점을 취하면서, 안전 보장도 높이고, 한 나라에 대한 의존도를 줄이는 전략이 앞으로 일본이 고려해야 할 전략 중 하나라고 생각합니다.

'신 Lanchester 전략'으로 중소기업과 스타트업이 특허로 싸우는 시대

급격히 특허출원을 늘리고 있는 중국과 어떻게 싸워야 할까요? 최근 일본의 트렌드를 보면, 이제는 어쩌면 손쓸 방법이 없을지도 모른다는 생각이 듭니다. 저출산과 고령화가 진행되고, 박사를 목표로 하는 젊은이들도 줄어들고 있습니다.…

그러나 그런 일본에서도 희망은 있다고 저는 생각합니다. 특허로 싸워야 합니다. 다만, 앞으로의 주인공은 대기업이 아니라, 중소기업이나 벤처, 스타트업이어야 한다고 저는 생각합니다.

일본의 전체 기업 중, 이른바 대기업은 전체의 0.3%입니다. 즉, 전체 기업 수 약 360만 개(2016년) 중에서 대기업은 대략 1만 개에 불과합니다. 나머지 359만 개는 중소기업입니다. 그 모든 중소기업은 아니라 하더라도, 중소기업의 10%에 해당하는 36만 개 기업이 특허를 출원하기 시작한다면 어떻게 될까요? 일본은 완전히 변할 것입니다.

약자가 취해야 할 전략으로 알려져 있는 것이 Lanchester 전략입니다. 원래는 제1차 세계대전 당시 영국의 엔지니어 프레데릭 란체스터가 제안한 것이며, '약자의 전략'과 '강자의 전략'으로 나뉘어져 중소기업 등은 약자의 전략을 취해야 한다고 알려져 왔습니다. 그 내용은, 전투력은 무기 효율과 병력 수의 곱으로 결정된다는 것입니다. 무기 효율이 같다면 병력 수가 많은 쪽이 이기고, 병력 수가 같다면 무기 효율이 뛰어난 쪽이 이긴다는 간단한 이야기입니다.

그렇다면 병력 수가 부족한 약자라도, 우수한 무기를 갖고 있다면 강자를 이길 가능성이 있다는 것입니다. 혹은 무기가 같다면 일대일 싸움이나 국지전으로 만들면, 병력 수의 차이는 문제가 되지 않습니다.

중소기업이 특허로 싸우는 경우로 바꾸면, 아이디어나 기술을 다듬어 가능하면 정확히 목표를 겨냥한 시장에서 싸우는 것이 기존 Lanchester 전략적인 사고일 것입니다.

하지만 현재 중국의 움직임을 보고 있으면, 이렇게는 이길 수 없지 않을까 하는 생각이 듭니다. 인구로 비교하자면, 중국은 일본의 15배나 많습니다. 그 중국을 인구로 추월한 것이 인도입니다. 수학과 과학에 강한 인재들이 많다고 알려진 인도는 앞으로 주의해야 할 국가가 될 것입니다.

그런 미래의 세계에서, 일본은 어떻게 싸워야 할까요? 주인공이 되어야 할 것은 중소기업이나 스타트업입니다. 그리고 채택해야 할 전략으로 제안하고 싶은 것이 '신 Lanchester 전략'입니다.

신 Lanchester 전략이란, 제가 생각한 새로운 싸움 방식입니다.

Lanchester 전략이 무기 효율과 병력 수로 구성되었다면, 신 Lanchester 전략에서는 거기에 무기 수를 더해 생각하는 것입니다.

Lanchester 전략의 '전투력=무기 효율×병력 수'에 대해, 신 Lanchester 전략에서는 '전투력=무기 효율×무기 수×병력 수'가 됩니다.

이 무기 수에 해당하는 것이 특허 수입니다. 앞으로의 일본의 중소기업이나 스타트업은 특허의 질뿐만 아니라 특허의 수로 싸워야 한다는 것이 신 Lanchester 전략입니다. 그렇게 하면 높은 경쟁력을 가질 수 있습니다.

만약 중소기업의 10%에 해당하는 36만 개 기업이 1개 회사당 10개의 특허를 출원한다면, 중국의 현재 상황의 2배를 훌쩍 넘을 수 있습니다.

그렇다고 해도, 이것이 정말 가능한 일일까라고 생각하실 수도 있겠죠. 제1장에서 소개된, 옥스포드 출신 박사들조차 특허 출원에 어려움을 겪고 있지 않나요?

확실히 작년까지의 세계라면, 결코 쉬운 일이 아니었습니다. 하지만 지적재산을 둘러싼 환경은 급변하고 있습니다. 사실 본서를 쓰는 지금도 큰 변화가 진행 중이며, 본서가 출판된 시점에서는 더 새로운 세계로 접어들고 있을 가능성도 있습니다.

그렇다면 도대체 무슨 일이 일어나고 있는 것일까요? 다음 장 이후에서 자세히 설명하겠습니다.

제3장

중소기업 · 스타트업의 지적재산 전략

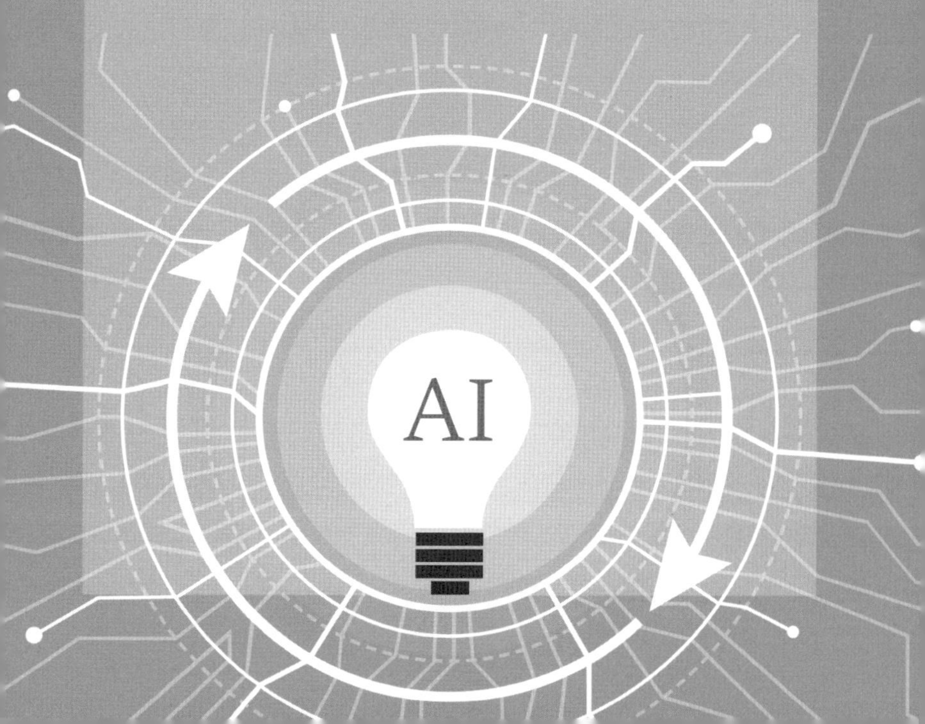

제3장

중소기업 · 스타트업의 지적재산 전략

남을 알고 자신을 알면 백전 백승

병법서로 알려진 중국의 고전 『손자병법』하면, 먼저 떠오르는 것이 "남을 알고, 자신을 알면 백전백승이다"가 아닐까요? 다만, 여기서 한 가지 주의할 점은, '적을 알고, 자신을 알면'이라고 잘못 해석되는 경우가 많지만, 실제로는 '적을 알고'가 아닌 '남을 알고'라고 쓰여 있다는 점입니다. 여기서 말하는 '남'은 단순히 '적'에만 한정되지 않고, '적'을 포함한 환경 전체를 나타내는 말이라고 생각할 수 있습니다. 이러한 넓은 시야가 중요하며, 그래서 『손자병법』은 비즈니스에도 응용할 수 있는 것입니다.

게다가 『손자병법』의 진수는 "백전백승은 선의 선이 아니다. 싸우지 않고 적군을 굴복시키는 것이 선의 선이다"에 있다는 생각을 저는 가지고 있습니다. 즉, 굳이 싸워서 이기는 것이 아니라, 아예 싸우지 않는 것이 가장 중요하다고 손무는 주장하고 있습니다. 물론 싸우지 않는다고 해서, 싸우지 않고 물러서서 지는 것을 의미하는 것은 아닙니다. 중요한 것은 싸우기 전에 상대방의 전의를 꺾어버리는 것입니다. 이 상대는 싸워야 할 상대가 아니라는 것을 스스로 판단하게 하여, 결과적으로 싸우지 않고 이기는 것입니다.

이 생각을 비즈니스에 적용한다면, 싸우지 않고 이기기 위한 무기가 특허입니다. 그뿐만 아니라 상대방이 싸움을 포기하도록 만들기 위해서는 핵심 발명뿐만 아니라 관련된 특허들까지 가능한 한 확보해야 하며, 즉 '신 Lanchester 전략'의 실천이 필요합니다.

전략 실천을 위해서는 싸움의 환경을 아는 것, 즉 '남을 아는 것'이 필요합니다. 이를 위한 방법론으로 잘 알려져 있는 것이 'IP Landscape'입니다. IP Landscape의 IP는 'Intellectual Property(지적재산)'을 의미합니다. 지적재산은 일반적으로 특허권, 디자인권, 상표권의 세 가지로 구성되지만, 본서에서는 주로 특허권을 다룹니다.

그런데 Landscape라는 단어는 경관뿐만 아니라, 비즈니스 관련에서는 환경이나 전망 등을 의미합니다. 따라서 비즈니스 용어로서의 IP Landscape는 자사를 둘러싼 지적재산과 관련된 상황을 의미하는 말이며, 예를 들어 특허청은 다음과 같이 정의하고 있습니다.

'경영 전략 또는 사업 전략을 수립할 때, (1) 경영/사업 정보를 지적재산 정보를 통해 통합하여 분석하고, (2) 그 결과(현황의 파악 및 미래 전망 등)를 경영자 및 사업 책임자와 공유하는 것.' 참고로 일본 특허청이 발표한 『지적재산 스킬 표준 Version 2.0 취급 설명서』는 지적재산을 담당하는 인재에게 요구되는 업무 내용으로 IP Landscape 지적재산 포트폴리오 관리, 오픈 & 클로즈 전략, 조직 디자인의 네 가지를 제시하고 있습니다. 그 중에서 IP Landscape의 업무 내용은 다음과 같이 설명되어 있습니다.[3]

- 지적재산 정보와 시장 정보를 통합한 자사 분석, 경쟁 분석, 시장 분석, 기업 및 기술별 지적재산 맵과 시장 포지션 파악, 개별 기술 및 특허의 동향 파악(예: 업계에 큰 영향을 미칠 수 있는 첨단 기술의 동향 파악과 그 동향에 기반한 자사의 연구개발 전략에 대한 제안 등)
- 자사 및 경쟁사의 상황, 기술 및 지적재산의 라이프사이클을 고려한 특허, 디자인, 상표, 노하우 관리를 포함한, 특허 전략에 그치지 않는 지적재산 믹스 패키지 제안(예: 특정 제품에 대한 시장에서의 포지션 제시, 그리고 그 포지션을 바탕으로 한 출원 및 라이선스 전략 제시 등)
- 지적재산 실사(Due diligence)
- 잠재 고객 탐색을 수행하고, 자사의 미래 시장 포지션을 제시

전술한 『지적재산 스킬 표준 Version2.0 취급 설명서』의 19쪽에서 설명한 지적재산 맵이 IP Landscape를 생각하는 데 매우 중요한 도구가 됩니다.

특허를 고려할 때 가장 중요한 지적재산의 가시화

지적재산 맵을 만들기 위해서는, 관련된 특허를 조사할 필요가 있습니다. 특허출원 서류는 구체적으로 출원서(특허출원서), 명세서, 특허청구범위, 필요한 도면, 요약서로 구성됩니다. 이 서류들에는 다음과 같은 항목이 기재되어 있습니다.

- 출원서(출원인, 발명자)
- 명세서(발명의 명칭, 선행 문헌, 실시예)
- 특허청구범위(청구항 등)
- 도면(플로우 차트, 블록 다이어그램 등)
- 요약서(문제, 해결 방법)

따라서 특정 분야에 대한 특허출원 서류를 분석하면, 각 기업의 출원 동향이나 지적재산 전략을 파악할 수 있습니다. 자사가 기술 개발에 집중하고, 특허 취득을 목표로 하고 있는 분야에서, 다른 기업들이 이미 어떤 특허를 취득했는지를 알 수 있습니다.

이 일련의 정보를 이해하지 못하면, 자사 기술에 대해 특허출원을 하더라도, 다른 기업이 이미 선행하여 유사한 특허를 취득한 경우에는 특허가 인정되지 않습니다. 또는 다른 기업이 특허를 취득한 기술을 의도치 않게 모방한 경우, 특허권 침해로 소송을 당할 리스크도 있을 수 있습니다.

그런 리스크를 피하기 위해 필요한 것이 지적재산의 가시화입니다. 이를 위한 도구로 자주 언급되는 것이 특허 맵입니다. 특허 맵에 대해서는 독립 행정법인 산업 소유권 정보·연구소(INPIT)가 『특허 정보 분석에 의한 중소기업 등의 지원 사례집』에서 8종의 맵을 소개하고 있습니다.

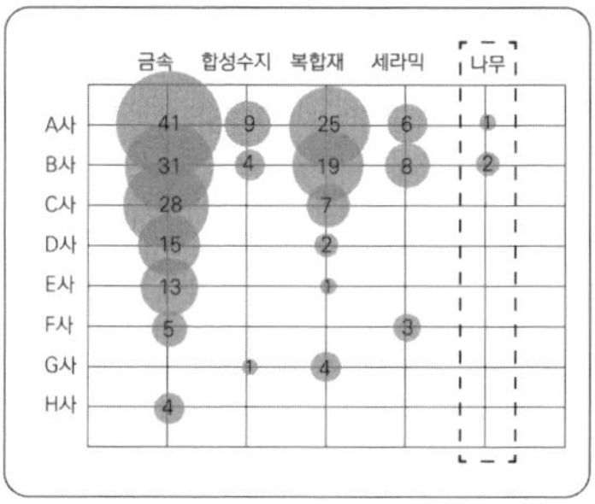

재료·용도 맵

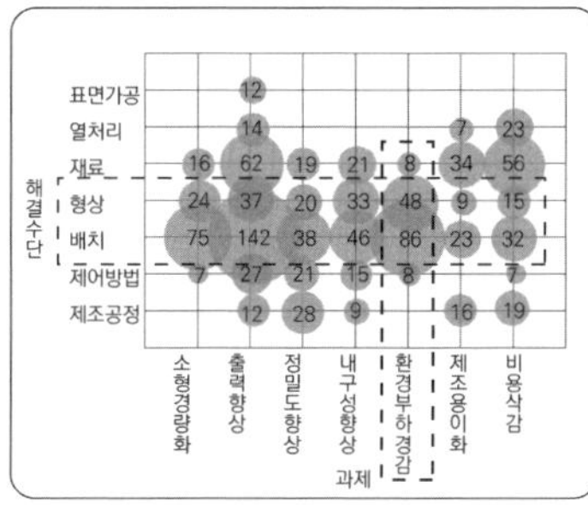

과제·해결분석 맵

예를 들어 과제·해결 분석 맵은 가로축에 문제, 세로축에 문제 해결 수단 항목을 표시하고, 그 교차점에 해당하는 특허 건수를 표시합니다. 이 맵을 작성하면, 특정 문제에 대한 다른 기업들의 접근 상황이 한눈에 들어오며, 또한 어디에서 기회를 잡을 수 있는지가 명확해집니다. 다른 기업의 특허 건수가 적은 주제가 밝혀지면, 그 곳에 새로운 비즈니스 기회가 있다는 것입니다. 다만, 왜 특허 건수가 적은지 한 걸음 더 깊이 생각해 보면, 어떤 기술적 문제가 있을 수 있습니다. 그렇다면 그 문제를 해결할 수 있는 방법을 개발하면, 한번에 우위를 점할 수 있는 기회가 될 것입니다.

또는 재료·용도 맵에서는 가로축에 재료 또는 용도, 세로축에 경쟁사를 나열하여, 각 기업이 어떤 재료나 용도를 중요시하는지를 한눈에 볼 수 있습니다. 이를 보면, 어떤 재료가 빈자리로 남아 있는지 파악할 수 있습니다.

그렇다면, 특허 맵을 자사에서 만들기 위한 데이터는 어디서 얻을 수 있을까요? 이러한 산업 재산권 정보를 무료로 검색할 수 있는 서비스가 'J－Plat Pat(특허 정보 플랫폼)'[4]이며, 이것도 INPIT에 의해 제공됩니다. 사용 방법은 매우 간단합니다. 알고 싶은 특허나 실용신안의 번호가 있다면 그 번호를 입력하면 그 번호에 해당하는 공보가 표시됩니다. 또한 발명의 명칭, 요약, 특허청구범위, 출원인, 발명자 등으로도 검색할 수 있습니다.

이렇게 IP 맵을 활용하면, 자사만의 IP Landscape를 구상할 수 있게 됩니다.

J-Plat PAT(특허정보 플랫폼)

지적재산의 가시화를 강력하게 지원하는 IP LANDSCAPE 특허 검색

IP Landscape는, 앞서 특허청의 정의에 따라, 먼저 특허 맵을 작성하여 자사를 둘러싼 상황 분석을 하는 것을 의미합니다. 그 위에서 특허 전략에 그치지 않는 지적재산 믹스 패키지의 제안, 나아가 지적재산 실사부터 잠재 고객 탐색을 실행하고, 자사의 미래 시장 포지션 제시까지의 일련의 전략 수립을 나타내는 말입니다.

이러한 사고방식의 기원은, 제가 아는 한 2008년에 미국의 TechLead Corporation사에 의해 시작된 IP Landscape 서비스이라고 생각합니다.

참고로 특허 맵은 영어로 Patent Map이지만, 저는 일찍이 특허 마이닝(Patent Mining)에도 착수했습니다. 제가 졸업한 방위대학교에서 Mining이라고 하면 '지뢰 매설'을 의미합니다. 제가 처음으로 취직한 후지필름에서는 특허를 양산하는 프로젝트를 'Patent Mining'이라고 명명하고, 경쟁사들을 공격할 수 있는 특허의 양산에 힘썼습니다.

어쨌든 'IP Landscape'는 일본에서는 지적재산권의 가치 평가 등의 내용을 의미하는 상표로, 변리사에 의해 상표 등록되었습니다. 참고로 컴퓨터 처리에 의한 IP Landscape에 대해서는, 'IP LANDSCAPE'로 저자가 상표 등록을 했습니다.

그 후 2022년 4월, AI Samurai에서는 무료로 사용할 수 있는 'IP LANDSCAPE 특허 검색'[5]을 출시했습니다. IP LANDSCAPE

특허 검색에 발명 아이디어가 될 키워드를 입력하면, 독자적인 특허 맵이 조망도로 표시됩니다.

이와 같은 도구를 무료로 제공한 이유는, 기본적으로 중소기업이나 스타트업의 신 Lanchester 전략을 지원하기 위함입니다. 지적재산 담당 직원이 있는 대기업이라면 항상 그들이 특허 정보를 조사, 정리, 분석하여 보고서로 작성하고 있지만, 일본 기업의 99%는 그런 여유가 없는 기업입니다. 그런 기업들이 자유롭게, 걱정 없이 사용할 수 있는 무기를 제공하고자 했기 때문에 IP LANDSCAPE 특허 검색을 무료로 제공하는 것을 고집했습니다.

중소기업의 특허 취득 지원

지금까지 특히 중소기업과 스타트업을 구분하지 않고 설명해왔지만, 실제로는 중소기업과 스타트업의 상황이 크게 다릅니다. 개인적으로는, 먼저 중소기업이 특허를 적극적으로 취득하기 시작해야 한다고 생각합니다. 왜냐하면, 이른바 대기업의 현황을 보았을 때, 앞으로 일본의 희망은 우선 중소기업에 있다고 생각하기 때문입니다.

제2장에서도 설명한 것처럼, 주의해야 할 점은 중국의 존재입니다. 국가 차원에서 지적재산 전략을 추진하고 있기 때문에, 특허출원 수는 세계에서 단연 앞서고 있습니다. 최근(2023년 6월)에는, 일본 산업기술종합연구소에 근무했던 중국인 기술자가,

그의 아내에게 근무지에서 취득한 연구 데이터를 몰래 제공한 사건이 발각되었습니다. 그 아내는 중국 기업의 일본 대리점에서 사장을 맡고 있었고, 취득한 데이터를 바탕으로 중국에서 특허를 신청하여 취득했습니다. 아내가 데이터를 받은 것은 2018년 4월이고, 그 1주일 후에 중국에서 특허출원이 이루어졌으며, 2020년 6월에 특허를 취득한 것입니다.

하나의 사건만으로 모든 것을 판단할 수는 없지만, 예전부터 중국에게 일본의 기술은 목표물이 되어왔습니다. 반대로 말하자면, 일본의 중소기업도 자신들은 인식하지 못하고 있을 뿐, 사실 특허가 될 만한 기술을 가지고 있을 가능성이 높습니다.

그래서 IP LANDSCAPE 특허 검색을 활용하여, 자사 기술에 대한 특허 맵을 한번 만들어 보기를 권장합니다. 특허청도 INPIT을 통해 지원에 힘을 쏟고 있습니다. 구체적으로는 전문가에 의한 지원이나 필요에 맞춘 지원 등이 제공되는 메뉴가 있으므로, 한번 체크해 보시길 바랍니다.[6]

이렇게 국가가 중소기업의 지적재산 활용을 지원하는 이유는, 현 상황을 방치하면, 중국에 한정되지 않고 외국 기업들이 계속해서 일본에 침투해 올 위험을 감지하고 있기 때문일 것입니다. 일본의 미래를 지키기 위해서라도, 중소기업 경영자들에게 반드시 적극적인 특허 취득을 부탁하고 싶습니다.

모방품을 특허로 차단한 루이판 재팬(Louisfan Japan) 사례

독창적인 기술을 개발한 중소기업이 특허로 자사를 보호한 사례를 소개합니다.

'King Blade' 브랜드의 콘서트용 펜라이트를 개발한 루이판 재팬(Louisfan Japan)은 이 분야에서 시장 점유율 60%를 차지하는 인기 제품을 개발했습니다. 시장 점유율 60%라면, 이른바 쿠프만의 목표값(Kupferman's Target Value)에서 말하는 안정적인 톱 시장 점유율 41.7%를 훨씬 웃도는 수치로, 독점적인 시장 점유율 73.9%에 근접하는 수준입니다.

콘서트용 펜라이트는 크게 두 종류로 나눌 수 있습니다. 일회용 케미컬 라이트와 배터리식으로 반복 사용 가능한 타입입니다. 케미컬 라이트는 가격이 저렴하지만 한 번만 사용할 수 있고, 배터리식에 비해 발광이 약합니다. 반면 배터리식은 발광이 강하고 색을 바꿀 수 있는 타입도 있습니다.

콘서트 현장에서 펜라이트를 사용하는 팬들은, 아이돌에게 자신의 존재를 알리고 싶어서 펜라이트를 흔듭니다. 흔드는 것만이라면 괜찮지만, 아이돌의 얼굴, 특히 눈을 목표로 라이트를 비추려는 팬들도 있습니다. 어떻게든 자신이 주목받고 싶은 마음은 이해할 수 있지만, 눈을 겨냥해 빛을 비추면 아이돌 입장에서는 조금 곤란한 상황이 됩니다.

이러한 문제를 해결하기 위해 루이판 재팬(Louisfan Japan)은 King Blade를 개발했습니다. King Blade는 배터리식으로, 광원으로 LED를 채택하고 있습니다. 하지만 빛을 어디에 직접 비출 수 없도록 커버를 채택한 것이 핵심입니다. King Blade를 손에 들고 빛을 비추는 팬들은, 자신의 위치를 강조할 수 있으면서도 아이돌에게 방해가 되지 않게 됩니다.

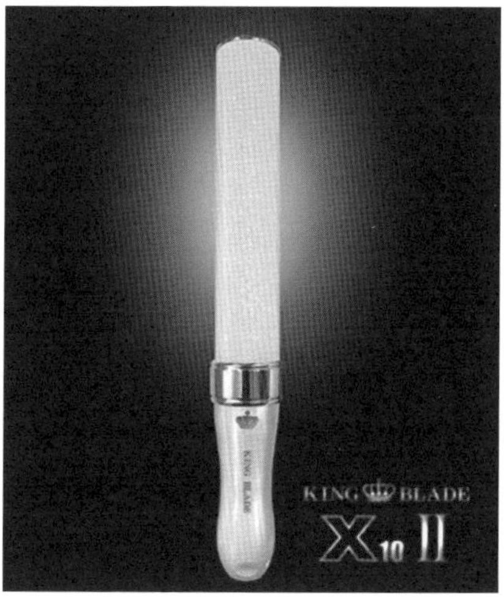

'King Blade'의 예

게다가 커버에는 추가적인 공법이 적용되어, 예를 들어 AKB48 팬을 위해, 불을 켜면 흐릿하게 'AKB'라는 글자가 떠오르는 시스템도 적용되어 있습니다. 이 일련의 공법은 모두 특허를 신청하여 확보해 두었습니다. 그래서 다른 기업들이 '좋은 아이디어'라고 생각해도 모방할 수 없습니다.

그럼에도 불구하고, 여전히 비슷한 제품을 개발한 기업들이 있었습니다. 이런 상대에 대해, 루이판 재팬(Louisfan Japan)은 부정경쟁방지법 제2조 1항 1호를 위반했다고 하여, 판매 행위의 중지와 손해 배상을 요구하며 민사 소송을 제기했습니다. 소송 결과, 첫 번째 심리인 도쿄 지방법원에서 승소한 후, 상대방의 항소로 이어진 두 번째 심리인 지적재산 고등법원에서는 상대방이 부정경쟁방지법 위반을 인정하고 화해에 이르게 되었습니다.

화해 내용은, 상대방이 ① 해당 제품의 제조, 수입, 판매 등을 하지 않겠다, ② 해당 제품의 재고를 폐기하겠다, ③ 손해 배상을 지불하겠다는 엄격한 내용이었습니다. 루이판 재팬(Louisfan Japan)에 대해서는, 제가 특허출원에 변리사로서 관여했으며, 소송에도 전면적으로 참여했습니다(화해 내용은 루이판 재팬(Louisfan Japan) 회사 홈페이지의 기재 내용[7]에서).

이 일련의 과정을 직접 지켜본 변리사로서, 만약 루이판 재팬(Louisfan Japan)이 특허출원을 망설였더라면, 어떤 결과가 나왔을지 생각해 보게 됩니다. 아이디어 자체는 훌륭한 것이지만, 기술적 난이도가 특별히 높은 것은 아니었고, 모방하려면 아마 쉽게 할 수 있었을 것입니다.

그래서 처음 상담을 받았을 때 바로 관련 분야를 최대한 넓게 예상하고, 잡을 수 있는 특허는 모두 확보했습니다. 우수한 제품 아이디어와 함께 일련의 특허 전략이 성공을 거두었고, 루이판 재팬(Louisfan Japan)은 단연 시장 점유율을 확보할 수 있었습니다. 또한 유사품이 나왔을 때도 망설임 없이 대응할 수 있었고, 소송에서는 첫 번째 심리에서 승소한 후 화해로 이어지게 된 것입니다.

스타트업의 지적재산 전략

루이판 재팬(Louisfan Japan)의 경우는 중소기업에서의 스핀아웃으로 창업된 것이기 때문에, 순수한 스타트업과는 상황이 약간 다릅니다. 스타트업과의 가장 큰 차이점은, 루이판 재팬(Louisfan Japan)의 경영자가 그동안의 경험을 통해 경영의 포인트를 이해하고 있었다는 점입니다.

한편, 이른바 스타트업은 제1장에서 소개한 벤처로 상징되듯이, 발명 또는 기술을 바탕으로 사업을 시작합니다. 멋진 아이디어를 떠올렸고, 그 아이디어가 어떤 문제를 해결할 수 있을 것 같다.… 그렇게 되면 비즈니스로서 성립할 가능성이 생깁니다. 하지만, 비슷한 아이디어를 생각한 사람이 다른 곳에도 있을 수 있습니다.

따라서 스타트업에게 가장 먼저 필요한 것은 지적재산 전략입니다. 그 위에 아이디어를 바탕으로 비즈니스를 전개하기 위해서는 경영 전략과 사업 전략도 필요합니다. 방향을 염두에 두면서도, 우선 아이디어의 특허성을 확인하는 것이 첫 번째 과제입니다.

아이디어가 객관적으로 새로운 것인지, 특허를 취득할 수 있는 것인지를 확인하는 것입니다. 이를 확인하기 위해 수행하는 것이 선행 특허 조사입니다. 앞서 언급한 INPIT은 『선행 기술 문헌 조사 실무』에서 선행 기술 조사의 기본에 대해 다음과 같이 설명하고 있습니다.

법정 요건 중, 선행 기술 조사와 관계가 깊은 요건으로는, 신규성(일본 특허법 제29조 제1항 제1호), 진보성(일본 특허법 제29조 제2항), 확대된 선출원(일본 특허법 제29조의2), 선출원(일본 특허법 제39조 제1항 내지 제4항) 등이 있습니다. 이러한 요건의 적합성을 판단하기 위해서는, 어떤 선행 기술 발명이 존재하는지 파악해야 하므로, 일반적으로 선행 기술 문헌 검색(서치)이 필요합니다.

단지 증거로서의 선행 기술 문헌을 발견하는 것만이 서치의 목적은 아닙니다.

예를 들어, 진보성의 유무를 판단하기 위해서는, 당업자가 선행 기술에 기반해 본원의 발명을 쉽게 발명할 수 있었는지를 판단해야 하므로, 본원 출원 당시의 당업자의 기술 수준과 창작 능력을 파악해야 합니다. 이 판단을 적절히 하기 위해서는, 본원의 기술 분야의 기술적 발전 흐름을 미리 파악해 두어야 합니다. 또한, 서치를 하면 유사 기술이나 관련 기술 등을 알 수 있어, 그 결과로 본원의 발명을 더 깊이 이해할 수 있게 됩니다(『선행 기술 문헌 조사 실무』[8] p. 45).

전통적으로는 이런 조사를 대기업에서는 사내 지적재산 담당 직원이 수행하고, 중소기업이나 스타트업에서는 외부 변리사에게 의뢰하는 것이 일반적이었습니다. 이것이 중소기업이나 스타트업에겐 특허출원의 큰 장벽이 되었습니다. 비용 부담이 첫 번째 벽이 되었고, 게다가 누가 수행할지 하는 담당자 문제가 두 번째 벽으로 다가왔습니다.

따라서 중소기업은 이런 번거로운 작업을 가급적 피하고 싶어하며, 스타트업은 시간적, 비용적 여유가 전혀 없으므로, 특허출원의 필요성은 머릿속 한 구석에 남아 있지만, 우선순위가 올라가지 않았을 것입니다.

이와 같은 중소기업과 스타트업의 특허출원 장벽을 낮추는 데 도움이 되고자 제공하는 것이 바로 'IP LANDSCAPE 특허 검색'입니다. 이러한 도구를 활용하면, 변리사에 의뢰하지 않고도 자력으로 자사 발명과 관련된 분야에서 어떤 관련 특허가 출원되었는지 알 수 있습니다.

출원된 다른 기업의 특허는 지뢰와 같은 존재입니다. 어디에 어떤 특허가 지뢰로 묻혀 있는지 알게 되면, 그것을 피할 수 있습니다. 또한, 앞서 설명한 patent mining 즉, 자신들이 앞으로 출원하려는 특허에 대해, 어떤 관련 특허를 어떻게 취득할 것인지에 대한 취득 전략을 효율적으로 세울 수 있습니다. 그때 반드시 고려해야 할 점은, 최소한 5년 후, 가능하면 10년 후의 미래 지도를 그린 후, 자사의 진로를 확보하는 방법입니다.

연구 논문과 특허출원 문서의 유사점과 차이점

연구개발 계열의 스타트업이라면, 연구 논문을 작성한 경험이 있을 것입니다. 박사 논문을 작성하고 학위를 취득했기 때문입니다.[9] 그래서 연구 논문과 특허출원 서류의 유사성을 잘 이해하고 있습니다.

하지만 연구 논문과 특허출원 서류에는 결정적인 차이점이 하나 있습니다. 연구 논문은 오직 연구 결과를 정리한 것이라면, 특허출원 서류는 '어떤 아이디어를 바탕으로 이것으로 무엇을 할 수 있는지'를 서류로 정리한 것입니다. 내용을 구성하는 방식은 비슷하지만, 연구 논문에 필수적이라 할 수 있는 실험을 통한 데이터의 재현성은 특허에서는 요구되지 않습니다.

또한, 연구 논문과 특허출원 서류의 차이점에 대해 저는 '복선(伏線)'의 유무가 결정적으로 중요하다고 생각합니다. 연구 논문에 복선을 설정하는 것은 전혀 의미가 없지만, 특허는 다릅니다. 예를 들어, 만화 『ONE PIECE』는 몇 년 전 그려진 제1화의 복선이 제100화쯤에서 연결되는 거대한 설계를 가지고 있습니다. 이것은 작가가 처음부터 얼마나 장기적인 전망을 그리고 있었는지를 보여주는 증거입니다. 사업 전략도 마찬가지로, 가능한 한 긴 시간축을 두고 생각해야 합니다.

스타트업 여러분도, 꼭 『ONE PIECE』처럼 긴 시간 범위에서 복선을 생각해 보셨으면 좋겠습니다. 스타트업에는 즉시 비즈니스 결과가 나오는 사업이 있는 한편, 3년 또는 5년 단위로 사업계획을 세워야 하는 경우도 있습니다. 그런 스타트업에서는 얼마나 미래를 예측하여 지적재산 전략을 세울 수 있는지, 즉 어떤 복선을 놓을 수 있는지가 사업 전개를 성공으로 이끄는 열쇠가 됩니다.

핵심 기술을 바탕으로, 거기서 어떻게 사업을 전개할 수 있을지 어떤 갈래를 생각할 수 있을지를 고민해 보십시오. 그 갈래에 해당하는 부분에 대해서도 특허를 고려해야 합니다.

목표에서 역으로 계산하여 전략을 그리는 것은, 최근 몇 년간 비즈니스 세계에서 유행어가 되고 있는 '백캐스팅(Backcasting)'과 같은 생각 방식입니다.

지적재산은 미래를 그리는 것입니다. 목표로 생각하는 지적재산 전략을 가능한 한 빠른 시점에서 한 번 세워보도록 하세요. 이를 위해 사용할 수 있는 도구는 무엇이든 시도해 보세요. 스타트업에는 그런 탐욕스러움도 필요합니다.

변리사를 충분히 활용하라

변리사는 특허출원의 전문가이며, 변리사에게 의뢰하지 않으면 신청 절차를 진행할 수 없다고 많은 사람들이 생각하고 있을 것입니다. 또한 스타트업 중에는 특허를 고려하기 전에는 변리사의 존재조차 모르는 경우도 있을 것입니다. 이름 정도는 알고 있더라도, 익숙한 존재는 아닐 것입니다.

그렇다면 변리사란 어떤 사람일까요? 제가 변리사 시험을 준비하던 시절, 변리사에게는 법률, 기술, 영어라는 세 가지 주요 기술이 필수적이라고 이야기했습니다.

하지만 이것은 20년 이상 전의 이야기입니다. 그동안 변리사 세계는 크게 변화했습니다. 가장 큰 변화의 원인은 AI의 발전입니다. 예를 들어, 영어에 관해서는 능력이 있으면 좋지만, 이제는 대부분 자동 번역이 이를 보완해줍니다. 법률에 대해서도, 이제는 조사를 하면 알 수 있는 시대입니다. 제가 생각하기에 변리사에게 가장 필요한 능력은 기술을 이해하는 능력, 나아가 그 기술의 전개까지 예측할 수 있는 능력입니다.

개인적인 의견으로는, 앞으로 특히 스타트업과 중소기업을 지원하는 변리사에게 필요한 것은 AI를 잘 활용하는 능력과 전략적 사고라고 생각합니다. 단순히 지적재산에 한정하는 것이 아니라, 지적재산을 바탕으로 한 기업 전략, 사업 전략, 개발 전략 등에서도 기업가나 중소기업 경영자를 지원하는 역할을 해야 합니다. 그럼으로써 변리사 자신도 적어도 자신의 회사를 운영한 경험을 하거나, 창업 경험을 가진 사람이라면 더 정확한 조언을 할 수 있을 것입니다.

최근 특허청이 CIPO(Chief Intellectual Property Officer)라는 용어를 소개했습니다. 공인회계사나 세무사 업계에서는 기업의 회계나 재무를 담당하는 관리 본부장을 의미하는 CFO(Chief Financial Officer)라는 명칭이 정착되어 있습니다. 한편, CIPO는 회사 내 지적재산 전략 담당자의 위치를 의미합니다. 앞으로 일본, 특히 중소기업이나 스타트업에서는 이러한 역할을 수행할 수 있는 인재가 필요하다는 위기감을 특허청도 가지고 있다는 생각이 듭니다.

CIPO에 요구되는 것은 미래 예측 능력과 가능한 한 긴 시간축으로 복선을 깔 수 있는 구상력입니다. 또한 스타트업에 한정하자면, 빠른 판단력도 필수적이라고 생각합니다. 스타트업에서는 특허 취득과 사업 운영이 불가분의 관계로 함께 진행되어야 합니다.

같이 일할 변리사를 잘 선택한 후, 가능한 한 많은 업무를 맡기고, 기업가는 기업가로서 해야 할 업무에 집중하는 것이 필요하다고 생각합니다. 그러한 역할 분담이 필요하다고 봅니다.

중소기업과 스타트업, 특허 포트폴리오에 대한 생각

특허 포트폴리오란, 보유하고 있는 특허를 체계적으로 정리한 것입니다. 그동안 특허 포트폴리오를 고려해야 할 필요가 있는 곳은 대기업이었으며, 중소기업이나, 더 나아가 스타트업은 포트폴리오를 고려할 필요가 없다고 여겨졌습니다.

그러나 이제 상황이 변하고 있습니다. 여러 번 언급했듯이, 중소기업이나 스타트업도 단일 특허 취득으로는 앞으로의 싸움을 이겨내기 어렵습니다.

따라서 사업 전략에 맞는 특허 포트폴리오를 고려해야 합니다.

그렇다고 하더라도, 예를 들어 대기업이 일본 전체를 상대하고 있다면, 중소기업이 노려야 할 것은 간토 평야(일본 최대의 평야지대)와 같은 특정 영역이 됩니다. 싸움의 장을 좁히고, 그 곳에서 철저히 이기기 위한 전략을 세워야 합니다. 즉, 제한된 영역에서의 patent mining을 철저히 해야 합니다.

한편, 스타트업은 기본적으로 혁신을 통해 완전히 새로운 포지션을 획득하게 됩니다. 즉, 대기업이 일본 전체, 중소기업이 간토 지역과 같은 영토를 고려하는 반면, 스타트업이 노려야 할 곳은 예를 들어 남극이거나, 공해상과 같은 미개척 영역입니다.

이런 영역에서는 당장은 경쟁자가 나타날 위험이 없을 수도 있지만, 성공하면 결국 반드시 주목받게 됩니다. 따라서, 결국은 전장이 될 가능성을 예측한 후, 이 곳에서도 patent mining을 고려해야 합니다.

그렇다면, 특허 포트폴리오를 구축하기 위해 필요한 특허출원량 전략을 어떻게 실천해야 할까요? 다음 장에서는 특허출원에 활용할 수 있는 AI를 소개하겠습니다.

제4장

공격적인 특허 전략

- AI를 활용해 특허량으로 압도하라

제4장

공격적인 특허 전략

- AI를 활용해 특허량으로 압도하라

Before AI 시대의 특허 문서 작성

특허를 신청하려면, 그에 맞는 서류를 작성해야 합니다. 그렇다면, 원래 특허 문서는 어떻게 작성되는 것일까요? 우선, 변리사로서의 제 경험을 돌아보며, 기존의, 즉 AI 시대 이전의 특허 문서 작성 흐름을 설명하겠습니다.

발명자로부터 특허를 취득하고자 한다는 상담을 받으면, 변리사는 먼저 발명자에게 발명에 대한 설명을 듣습니다. 그 후, 그 내용을 바탕으로 유사한 특허 문헌을 찾기 시작합니다. 이 일련의 작업은 대기업이라면 지적재산 부서가 담당하고, 일부 업무를 변리사에게 의뢰할 수 있으며, 지적재산 부서가 없는 기업이라면 처음부터 변리사에게 의뢰합니다. 변리사가 검색을 할 때는, 그 발명이 속한 기술 분야를 특정한 후, 독자적인 검색식을 만들어 특허 문헌 데이터베이스를 검색합니다. 이 기술 분야의 특정과 검색식 작성은 변리사의 주관적인 능력에 크게 영향을 받는 부분입니다.

그 후, 검색을 통해 내용이 유사하다고 표시된 선행 특허를 하나하나 읽으면서, 발명 내용과 비교해 나갑니다. 검색 결과로 나타난 선행 특허의 수는, 많으면 수백 건에서 수천 건에 이를 수 있습니다. 이들을 읽고 비교하는 작업에는 최소한 며칠, 참조할 특허가 많을 경우 수 주일이 걸릴 수 있습니다.

이 일련의 작업에 필요한 시간과 결과의 정확성은, 각 변리사의 경험에 의해 배양된 능력에 따라 큰 차이가 발생합니다. 일정 정도 경험을 쌓은 변리사라면, 각자 고유의 '특허성에 관한 직관적 파악 능력'을 가지고 있습니다. 이 직관적 파악 능력은 바로 변리사의 노하우의 덩어리로, 암묵적 지식(Tacit knowledge)이기 때문에 문서화할 수 없습니다.

그럼에도, 이 직관을 바탕으로 '더 많은 유사특허가 나올 것'이라고 판단할 때도 있습니다. 또는 검색 결과에 '발명 아이디어와는 관계없는 선행 특허가 많이 섞여 있다'는 것을 깨닫는 경우도 있습니다. 이런 경우에는 검색 결과를 의심하고, 검색식을 다시 작성하여 다시 검색합니다. 이렇게 신중하게 조사하지 않으면, 발명이 특허를 받을 자격이 있는지 정확하게 판단할 수 없습니다.

이렇게 선행 특허를 철저히 읽어 가면서, 발명 아이디어와 유사한 특허를 찾았을 경우, 그 특허 문헌과 아이디어를 비교합니다. 만약 아이디어와 거의 동일한 내용의 선행 특허가 있다면, 아쉽게도 그 발명에는 '신규성이 없어서 특허를 취득할 수 없다'고 판단합니다. 또는 여러 개의 선행 특허를 결합하면 발명 아이디어를 재현할 수 있는 경우, '진보성이 없다'고 판단하여 특허 취득이 불가능하다고 판단합니다.

이 일련의 과정을 거쳐, 발명의 신규성과 진보성이 인정되면, 특허출원 서류 작성으로 넘어갑니다. 특허출원 서류는 다음 다섯 가지 항목으로 구성됩니다.

1. 권리 범위를 정하는 '특허청구범위(청구항 또는 클레임이라고도 한다)'
2. 발명의 상세한 설명을 기재하는 '명세서'
3. 발명의 요점을 기재하는 '요약서'
4. 발명의 설명을 쉽게 이해하기 위한 '도면'
5. 출원인과 발명자를 기재한 '출원서'

참고로 특허성 판단 시 자주 사용되는 클레임 차트는, 위의 특허청구범위에 기재된 내용을 정리하는 차트입니다.

변리사는 발명 내용을 바탕으로 신중하게 조사한 후, 특허성이 있다고 판단되면, 그 내용에 맞게 먼저 '특허청구범위'를 작성합니다. 예를 들어, 등받이가 있는 4개 다리 회전 의자가 세상에 아직 존재하지 않는다고 가정하고, 그런 의자를 발명했다고 합시다.

이 회전 의자에 대해 특허청구범위를 작성하면, 다음과 같이 됩니다. 이때 특허청구범위(청구항)의 각 구성을 나눈 것을 구성 요소라고 하며, 설명을 위해 청구항 1에 구성 요소 (A)~(C)라고 기재했습니다.

【서류명】 특허청구범위

【청구항 1】

(A) 사용자의 등을 기대기 위한 등받이부와,

(B) 상기 등받이부에 대해 수직으로 부착된, 사용자의 엉덩이를 지지하는 둥근 회전하는 좌석부와,

(C) 상기 좌석부에 4개의 다리가 부착된 다리부를 가진 의자.

의자를 예로한 클레임차트

발명의 구성 요소	주 인용예	부 인용예
(A) 사용자의 등을 기대기 위한 등받이부와,	[일치점] 등을 기대는 부분을 구비함	
(B) 상기 등받이부에 대해 수직으로 부착된, 사용자의 엉덩이를 지지하는 환형의 회전하는 좌석부와,	[일치점] 좌석부를 가짐 [차이점] 환형의 회전하는 좌석부가 없음.	[일치점] 환형의 회전하는 좌석부
(C) 상기 좌석부에 4개의 다리가 부착된 다리부를 가진 의자	[일치점] 4개의 다리로 이루어지는 좌석부를 가짐.	[일치점] 4개의 다리로 이루어지는 좌석부를 가짐
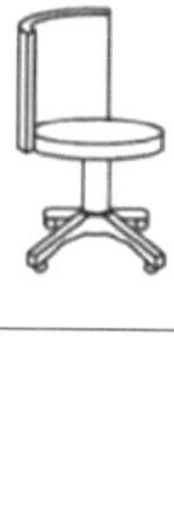	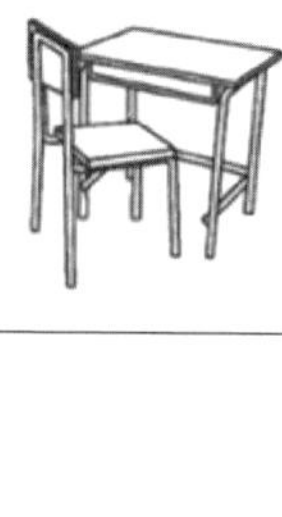	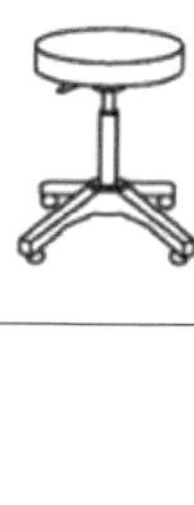

이 청구항 1에 대해, 선행 특허에 있는 주 인용예가 다음과 같은 것이었다고 가정합시다.

'4개 다리로 구성된 사각형 좌석을 가지며, 등받이부를 갖춘 학습용 책상과 의자의 세트' 이 경우, 청구항 1과 주 인용예의 일치점은 4개의 다리와, 좌석부, 등받이부를 갖추고 있다는 점입니다.

반면, 차이점은 구성 요소 (B)의 좌석부가 둥글고 회전하는 부분입니다. 여기서 주 인용예 외에도 부 인용예가 존재한다고 했을 때, 인용 발명에 회전하는 둥근 의자가 있었다면 어떻게 될까요?

주 인용예와 부 인용예는 같은 의자라는 기술 분야의 관련성이 있기 때문에, 인용 발명들끼리 조합할 수 있습니다. 따라서 청구항과 주 인용예의 차이점인 '좌석부가 환형으로 회전하는' 구성 요소는 부 인용예의 구성 요소에 의해 충족될 수 있습니다.

결과적으로, 청구항에 해당하는 발명은 주 인용예와 부 인용예를 바탕으로 진보성이 없다고 판단됩니다. 이렇게 변리사는 클레임 차트를 작성하여, 발명과 선행 특허의 일치점과 차이점을 정리하고, 진보성 판단을 가시화하고 있습니다. 이 예시에서는, 부 인용예(인용에 해당하는 것)를 찾지 못했다면, 차이점이 충족되지 않아서 진보성이 인정됩니다.

그 후 '명세서' 작성으로 넘어가는데, 이 과정에서 변리사의 경험과 노하우가 발휘됩니다. 즉, 발명자에게서 들은 내용을 그대로 쓰는 것이 아니라, 선행 특허를 읽고 얻은 지식을 바탕으로, 더욱 신규성과 진보성이 두드러지게 수정하거나 문장을 추가하는 것입니다. 물론 '명세서'만 변경하는 것이 아니라, '명세서'를 변경하면 그것과 일치하도록 '특허청구범위'도 적절히 변경합니다.

'특허청구범위'에서 가장 중요한 것은 신규성과 진보성의 어필입니다. 한편, '명세서'에 대해서는 특허 심사를 견딜 수 있는 다각적이고 다면적인 설명이 필요합니다.

종래에 변리사의 특허 문서 작성 과정으로, 특허 아이디어의 청취, 유사특허 문헌 집합 결정(검색식을 사용해 추출), 특허 문헌의 내용 이해(하나씩 읽음), 아이디어를 재현하려는 시도(머리 속에서 조합), 특허성 판단(클레임 차트), 기존의 변리사가 작성한 특허 특허출원 서류를 발명자에게 확인받고, 필요한 수정 등을 거쳐 최종적으로 특허출원 서류로 확정한 후에야 특허청에 출원합니다.

종래 변리사의 특허문서 작성

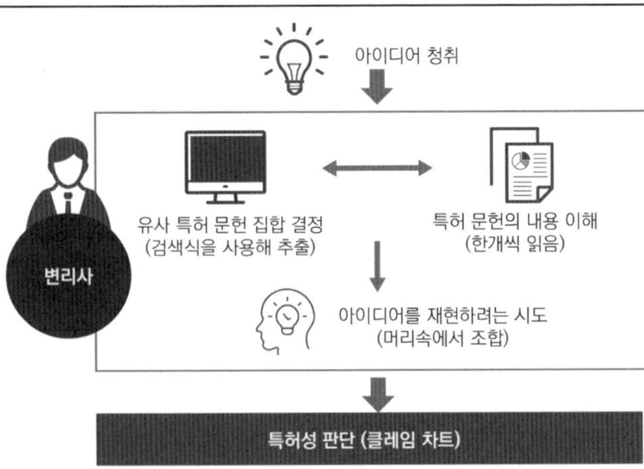

특허출원에는, 얼마나 많은 전문적인 지식과 경험이 필요한지 이해하셨을 것입니다. 이 전문적인 지식과 경험은, 변리사 개개인의 능력입니다.

그 중에서도 '특허성에 관한 직관적 파악 능력'은, 앞서 언급한 것처럼 변리사가 특허출원 경험을 쌓으며 얻을 수 있는 암묵적 지식(Tacit knowledge)입니다. 얼마나 많은 특허 문헌을, 얼마나 깊게 읽었는지가 그 능력에 큰 영향을 미칩니다. 본래 발명자에게는 이런 능력이 기본적으로 없으며, 특허출원 과정에 수많은 경험을 쌓으면서 배양되는 능력입니다. 변리사 외에는 이를 습득한 사람은, 대기업에서 지적재산을 담당하는 베테랑 직원 정도일 것입니다.

After AI 시대의 특허 문서 작성 1: 특허 관련 정보 검색

특허출원이라면, 먼저 변리사에게만 가능한 업무이며, 또한 변리사의 경험에 따라 차이가 나는 업무이기도 합니다. 게다가 경험이 풍부한 변리사라도, 특허출원 서류 작성에 이르기까지는 상당한 시간이 걸립니다.

이것이 바로 AI 특허출원이 가능해지기 전의 상황이었습니다. 그런데 특허출원에 관련된 일련의 작업을 AI가 크게 변화시키고 있습니다. 도대체 무엇이 어떻게 변하고 있는 것일까요? 사실 엄청난 패러다임 시프트가 현재 진행 중입니다. 여기서부터는 AI 이후, 즉 AI에 의해 예측할 수 없는 변화가 일어나고 있는 특허출원 과정을 설명하겠습니다.

먼저, 특허 검색 시스템이 현저하게 사용하기 쉬워졌습니다. 일본에서 처음 특허 정보의 온라인 검색 시스템이 등장한 것은 1978년이었습니다. 1999년에는 일본 특허청이 무료 검색 서비스 '특허 전자 도서관(IPDL)'을 제공하기 시작했고, 이는 2019년에 특허 정보 플랫폼 'J-PlatPat'으로 개칭되었습니다. 이 검색 서비스 제공에 따라, 검색 결과를 활용한 특허 평가나 특허 군을 조사하기 위한 소프트웨어가 다수 개발되었습니다. 미국에서는 2005년경부터, 투자나 특허 매매의 유효성을 확인할 수 있도록 특허 스코어를 수치화하여 표시하는 소프트웨어가 개발되었습니다. 이 소프트웨어를 개발한 것은 지적재산을 전문으로 하는 미국 변호사 조직 'Ocean Tomo'입니다. 또한 이 시점부터 미국뿐만 아니라 일본, 한국, 유럽, 싱가포르에서 특허 평가의 가시화를 도모하는, 이른바 특허 맵을 생성하는 기술이 발전했습니다. 2021년에는 시가 총액이 10억 미국 달러 이상인 유니콘 벤처기업인 PatSnap도 등장했습니다.

이러한 흐름 속에서 저도 제2장에서 소개된 'IP LANDSCAPE 특허 검색'을 개발했습니다. 중소기업이나 스타트업을 지원하고자 하는 마음으로 개발된 특허 검색 툴이기 때문에, 무료로 이용할 수 있습니다.

사용 방법은 간단하고, 발명에 관련된 키워드나 문서를 입력하기만 하면, 실시간으로 검색 결과가 표시되는 점진적 검색 방식(Incremental Search Method)을 채택하고 있습니다. 키워드를 조금만 변경하면, 다른 검색 결과가 즉시 표시됩니다. 게다가 키워드를 포함한 문헌이 조망도로 표시되기 때문에, 특정 기술의 동향이나 경쟁사의 출원 경향 등의 트랜드를 직관적으로 이해할 수 있습니다. 또한 입력한 키워드에 대해 유의어가 제시되므로, 이를 바탕으로 추가 검색을 반복하면 더 포괄적인 조사가 가능해집니다.

2022년의 버전업에서는 가시화를 철저히 하여, 기존의 특허 맵 외에도, 버블 차트, 막대 그래프, 선 그래프 등을 표시할 수 있게 되었습니다. 검색에 의해 선택된 특허 문헌은 리스트 형식으로 표시되며, 문헌명을 클릭하면 서지 정보나 문헌 전체를 읽을 수 있습니다.

IP LANDSCAPE 특허 검색에 한정되지 않고, 이런 검색 도구를 잘 활용할 수 있게 되면, 기술 조사와 경쟁 분석을 쉽게 할 수 있게 됩니다. 또한 특허출원 동향이나 기술 트렌드를 파악한 후, 자사의 특허 맵을 작성하고, 특허 포트폴리오를 가시화할 수 있습니다. 그 결과, 특허의 빈 영역이 명확해지면, 그 곳에서 patent mining을 철저히 할 수 있습니다.

게다가 눈치채신 분들도 계실 수 있다고 생각합니다만, 검색 결과를 보면서 아이디어를 다시 다듬을 수 있을 뿐만 아니라, 조금 떠오른 아이디어를 입력해 검색 결과를 살펴보면, 새로운 아이디어 창출에도 활용할 수 있습니다.

IP LANDSCAPE 특허 검색 표시

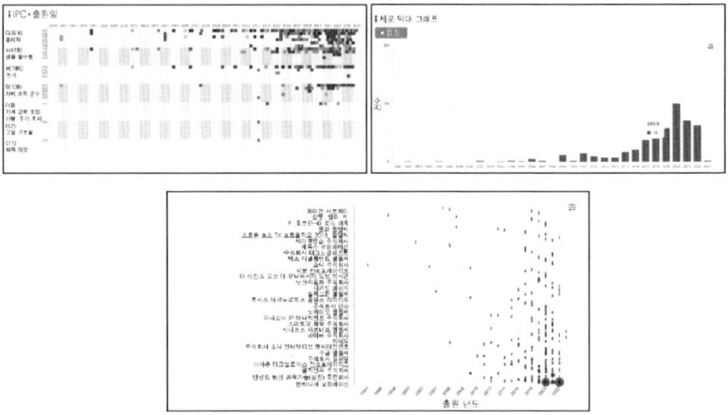

After AI 시대의 특허 문서 작성 2: 특허 취득 가능성 평가

어떤 발명을 떠올리고 그 아이디어와 관련된 특허 정보를 모아 분석할 수 있게 되면, 발명이 특허로서 가치가 있는지 평가할 수 있는 기능이 더 유용해지며, 이는 모두가 자연스럽게 갖게 되는 바람일 것입니다. 이 바람을 실현하기 위해 개발한 것이 AI 특허 평가 시스템입니다.

브라우저에서 사용할 수 있는 AI 특허 평가 시스템으로, 아이디어를 문서화하여 입력하면 몇 분 이내에 특허로 권리화할 수 있을 가능성을 A, B, C, D의 등급으로 평가하여 제시합니다. 특허성이 높은 경우는 A, 특허성이 일정 수준 이상인 경우는 B, 특허성이 일정 기준 이하인 경우는 C, 특허성이 낮은 경우는 D

로 평가됩니다.

단순히 평가 결과를 보여주는 것뿐만 아니라, 평가의 근거도 표시됩니다. 즉, 입력한 아이디어의 문장을 요구 사항별로 분해하여 유사한 문헌과 대조하며, 요구 사항별로 기존 문헌과 어느 정도 일치하는지를 표시합니다. 이것이 클레임 차트입니다. 특허청의 심사관도 이 클레임 차트의 사고 방식에 기반해, 유사한 문헌과 대조하여 특허성의 요구 사항 중 신규성과 진보성을 판단합니다. 만약 AI 특허 평가로 유사한 문헌 5개가 발견되었다면, 각 문헌에 포함된 어떤 문구가 일치했는지가 클레임 차트로 표시됩니다.

여기서 잠시, 이 시스템이 완성되기까지의 경과를 돌아보겠습니다. 먼저 2018년에 제가 아이디어를 처음 떠올렸을 때, 특허성 판단을 할 수 있는 AI를 만들 수 있을지가 의문시되었습니다. 이것은 이른바 방법론에 관한 문제였으며, 예를 들어 정보과학의 범위에서 생각하면 되었습니다. 그 결과, AI를 사용한 자연어 처리를 사용해 이 문제를 해결했습니다. 이렇게 해서 우선 특허성 판단을 할 수 있는 AI가 만들어졌을 때, AI의 특허성 판단 수준이 실용적으로 충분한지 검증했습니다.

검증 결과, AI가 특허성 판단에 사용 가능하다고 판단되었을 때, 다음으로 다른 차원의 문제가 발생했습니다.

기술적으로 AI가 특허성을 판단할 수 있다고 하더라도, 그 판단 결과를 현장에서 받아들일 수 있을지에 대한 문제가 생겼습니다. 즉, 단순한 방법론의 단계에서 그것을 사용할 사람들의 수

용성으로 문제의 차원이 변한 것입니다. 일단 수용 가능하다고 판단된 후, AI를 어떻게 활용해야 할지가 질문으로 제기되기 시작합니다. 현재는 바로 이 단계에 접어들고 있습니다.

AI 조사의 진화를 정리하자면, 먼저 유사특허 조사를 할 때, IP LANDSCAPE 특허 검색 등을 활용한 키워드 검색으로 시작되었습니다. 그 후 발명을 평가하는 단계로 넘어가면, 발명은 단순히 키워드가 아닌 문장으로 표현되기 때문에, 문장으로 검색하는 시스템이 필요하게 되었습니다. 여기서 사용되는 것이 AI 특허 평가 시스템입니다. 이를 통해 유사특허와의 일치점이나 차이점을 조사하거나, 관련 특허 조사 등을 할 수 있습니다. 이 정도까지 할 수 있게 되면, 클레임 차트를 만들어 특허성 판단을 할 수 있게 됩니다.

이전 시스템에서는, 키워드 검색을 중심으로 유사특허와 발명을 비교하여 신규성을 판단했었습니다. 여기에 문장 검색을 더하여, 유사특허, 관련 특허의 개념을 고려한 후, 진보성의 정도나 논리적 근거까지 조사할 수 있게 되었습니다. 이것이 현재의 AI 특허 평가 시스템입니다.

이러한 과정을 거쳐, 특허 검색뿐만 아니라 특허 평가까지 할 수 있게 되었습니다. 그렇다면 그 이후에는, 즉 특허출원 서류도 AI가 작성해 줄 수 있을 것이라는 점이 매우 궁금해집니다. 매우 기대되는 부분입니다.

특허성을 판단하는 AI

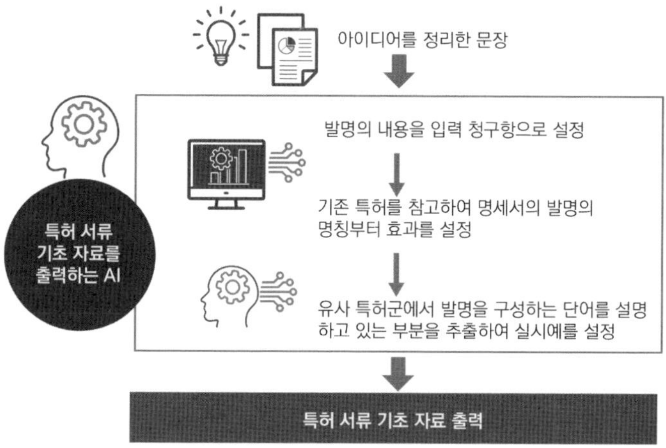

After AI 시대의 특허 문서 작성 3: 특허 문서 작성부터 출원까지

이전부터 특허 문서 작성을 지원하는 시스템이 존재했습니다. 그 예시로는, 사전에 준비된 데이터베이스를 활용하여, 그 곳에서 사용할 수 있는 용어 등을 찾아 반자동으로 입력을 지원해주는 시스템이 있습니다. 또는 미국에서 개발된 'Specifio'도 특허 출원 서류의 자동 작성 도구입니다. 이 도구를 사용하면, 클레임은 물론, 영문으로 수천 자의 명세서, 심지어 플로우차트 같은 도면도 자동 생성해 줍니다. 하지만, 이 도구들은 자유도가 낮고, 다양한 실시예를 유연하게 작성하는 데는 한계가 있었습니다.

이러한 문제를 해결하기 위해 개발한 것이 AI 특허 문서 작성 시스템으로, 클레임과 특허 데이터를 입력하면 약 3분만에 수천에서 수만 자에 달하는 특허 문서를 자동으로 작성하는 시스템입니다.

이 AI 특허 문서 작성 시스템에서는, 먼저 발명자 또는 변리사가 발명자가 생각한 아이디어를 문서화하여, 그 발명 문서를 '발명의 내용'란에 입력합니다. 그 후, 아이디어에 가장 근접할 것 같다고 판단되는 선행 기술 문헌인 '기준 특허'와 수십에서 수백 건의 공개된 특허 문헌 집합인 '유사특허군'의 세 가지 데이터를 입력합니다. 이렇게 하면 작업이 완료되고, 조금만 기다리면 시스템이 자동으로 특허 문서를 작성해 줍니다.

조금 더 자세히 설명하자면, 처음 입력하는 '발명의 내용'은 임시 청구항이 됩니다. 그 후, '기준 특허'를 바탕으로 특허 서류의 명세서 전반부, 즉 기준 특허에 기재된 내용을 활용하여 발명의 명칭부터 발명의 효과까지 자동으로 작성됩니다. 그 후, '유사특허군'에서 '발명의 내용'을 구성하는 단어를 설명하는 부분을 추출해 추가합니다.

이때의 기준 특허에 대해 두 가지 입력 방법이 있습니다. 하나는 공개된 선행 특허 문헌의 기준 특허 번호를 입력하는 방법으로, 이를 공개 특허형이라고 부릅니다. 또 하나는 미공개 특허 출원된 데이터를 워드 문서 또는 HTML 형식으로 입력하는 방법으로, 이것은 미공개 특허형이라고 합니다.

이 시스템의 공개 특허형에서는, 기준 특허의 명세서 전반부인 발명의 명칭에서 발명의 효과까지의 내용을 AI가 활용합니다. 한편, 미공개 특허형에서는 기준 특허 명세서에 신규성이나 진보성이 높은 실시예가 많이 포함되어 있습니다. 그 때문에 발명의 명칭에서 발명의 효과에 더해, 발명의 상세 설명도 그대로 인용하여 기재합니다.

실시예의 소재가 되는 수십에서 수백 건의 유사특허군에서 명세서 출력을 완료하기까지는 다음과 같은 과정을 거쳐 완성됩니다. 우선 사용자가 입력한 발명 내용을 단어로 나누고, 이 단어를 참고하여 유사특허군에서 각 단어를 설명하는 부분을 추출하고, 발명을 구현하기 위한 형태로 가공하여 명세서로 출력합니다.

추가적으로 사용자가 원하는 단어에 대해서는, 상세한 설명을 추가할 수 있는 '실시예에 설명을 추가하는 용어' 입력란이 설정되어 있습니다. 여기 입력된 용어에 대한 가중치를 높게 설정하면, 유사특허군에서 설명 부분이 적극적으로 기재됩니다.

AI 특허 문서 작성 시스템을 사용하면, 이러한 과정을 거쳐 특허 문서를 자동으로 작성할 수 있습니다. 하지만 당연히 적합하지 않은 부분도 있을 수 있기 때문에, 완성된 텍스트에 대한 편집 기능이 제공되며, 워드 문서로의 내보내기도 가능한 사양입니다. 또한, 이 시스템으로 작성된 문서는 기본적으로 특허 서류의 기초 자료이며, 그대로 특허청에 제출하는 완성된 자료는 아닙니다.

이 특허 서류 기초 자료에 대해 변리사가 수정하고 최종 점검을 한 후, 정식 특허출원 서류로서 특허청에 제출됩니다. 제출 전, 변리사는 이 발명의 미래 발전성을 예측하여 다양한 구체적인 예시를 추가하거나, 내용의 일관성에 문제가 없도록 조정을 합니다.

AI 시대의 특허 문서 작성

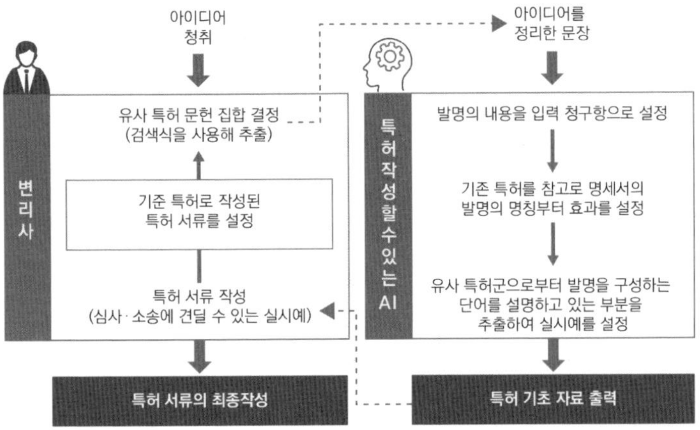

After AI 시대의 특허 문서 작성 4
: AI와 변리사의 협업을 통한 특허 문서의 품질 향상

AI 특허 문서 작성 시스템을 활용하면, 특허 서류를 더 빠르고, 또한 더 정확하게 작성할 수 있게 됩니다. 그렇지만, 지금 시점에서 모든 것을 AI에 맡길 수 있을 것 같지는 않습니다.

AI 특허 문서 작성 시스템은 특허 서류 기초 자료의 작성을 아주 짧은 시간 안에 완성해줍니다. 그러나 그것을 그대로 특허출원 서류로 제출할 수는 없습니다. 특허 서류 기초 자료를 읽고, 특허청구범위의 타당성을 체크하는 것은 여전히 변리사의 업무입니다. 또한, 명세서가 심사나 소송에 견딜 수 있는 충분한 실시예로 되어 있는지 여부를 판단해야 합니다. 만약 부족하다고 변리사가 판단하면, 변리사는 수정하여 다시 문서화하고 입력해야 합니다.

이처럼 변리사와 AI의 협업 작업의 전제가 되는 것은, 각 변리사가 개별적으로 가진 '특허성에 관한 직관적 파악 능력'입니다. 이 능력을 활용하는 시도와 오류의 과정은 아마도 앞으로도 계속 필요할 것입니다. 하지만 앞으로 특허출원에 AI 활용이 더욱 진행된다면, 특허출원의 방식이 바뀔 가능성이 높다고 생각됩니다.

원래 특허출원에서는 출원의 속도와 출원 내용의 충실도가 중요시됩니다. 즉, 얼마나 빨리 특허출원을 할 수 있느냐가 중요하며, 동시에 신규성과 진보성의 관점에서 특허의 질이 충실해야 한다는 것입니다.

현 시점에서 특허출원에 대해서는, AI 출원형, 변리사 출원형, AI·변리사 협업형의 세 가지 방식이 있습니다. 이 세 가지 출원 방식의 차이는 다음과 같습니다.

발명자의 발명 내용을 α라고 하고, 기존처럼 변리사가 AI 특허 문서 작성 시스템 등을 사용하지 않고, α를 베이스로 특허 서류 β를 작성하는 경우를 생각해 봅니다. 작성에 걸리는 시간은 최소한 몇 개월 정도 걸리지만, 이 '변리사 출원형'의 내용 충실도와 완성도는 그 나름대로 높은 수준일 것입니다.

이에 반해, 발명 내용 α를 베이스로, 특허 서류 기초 자료를 바탕으로 AI 특허 문서 작성 시스템으로 작성된 상세한 설명을 γ라고 합시다. 이 $\alpha+\gamma$로 구성된 특허 서류 'AI 출원형'은, 특허 서류 기초 자료가 몇 분 내로 작성되기 때문에, 출원까지의 시간이 변리사가 작성한 경우보다 대폭 단축될 것입니다. 물론 출원 전에는 변리사가 전반적으로 체크합니다. 그렇지만 출원 내용의 질과 완성도는 그다지 높지 않을 것이라고 생각됩니다.

또한, 변리사가 작성한 특허 서류 β를 바탕으로, AI 특허 문서 작성 시스템을 활용하여 발명의 상세한 설명을 추가한 것을 $\gamma2$라고 합시다. $\alpha+\beta+\gamma2$의 특허 서류는, 변리사가 시간과 노력을 들여 작성한 서류에 시스템 처리를 더했기 때문에, 출원일이

AI 시대의 특허출원의 질

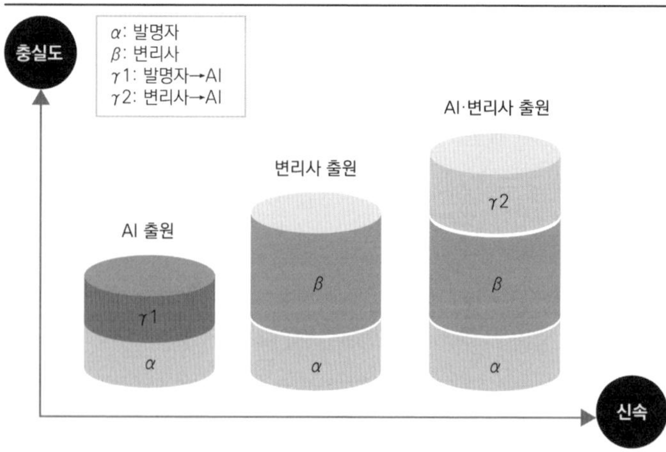

가장 늦어질 것입니다. 그렇지만 변리사가 γ2를 추가로 참조하여 수정 등을 가하면, 특허 서류의 완성도는 더욱 높아집니다. 이것이 'AI · 변리사 협업형' 특허 서류입니다.

After AI 시대의 특허 문서 작성 5
: AI와 변리사의 협업을 통한 특허출원 수 증가

지금까지 설명한 대로, AI를 활용하여 특허 검색, 특허 평가부터 특허 문서 작성까지 진행하면, 어떤 메리트가 있을까요?

가장 큰 메리트는 특허출원을 지금보다 훨씬 더 많이 할 수 있게 된다는 점입니다. 게다가 기존처럼 대기업 중심의 특허출원이 아닌, 중소기업이나 스타트업도 꾸준히 특허를 출원할 수 있게 됩니다.

먼저 AI 활용을 통해 얻을 수 있는 장점을 정리하면, 다음의 5가지가 있습니다.

1. 우선권의 조기 확보(가출원처럼 사용 가능)
2. 발명의 상세한 내용의 충실화
3. 출원 수를 늘려 미래의 포트폴리오 강화
4. 공개 목적의 출원 이용
5. IP LANDSCAPE 특허 검색을 통해 아이디어 수준의 특허출원

앞서 설명한 'AI 출원형'을 사용하면, 특허출원을 크게 스피드

업할 수 있습니다.

AI 출원형이라면, 아이디어를 떠올린 당일에도 출원이 가능합니다. 이 속도감은 일본의 선출원주의(first-to-filing)(여러 사람이 동일한 발명을 했다면, 먼저 출원한 사람이 특허를 취득하는 제도)에서는 매우 유효한 무기가 됩니다.

특허에 대해서는, 선출원주의 외에도 선발명자주의(first-to-invent), 즉 먼저 발명한 사람이 특허를 받을 권리를 가진다는 제도도 있습니다. AI 출원형을 활용하면, 선출원주의가 적용되는 일본에 있으면서, 발명부터 출원까지의 시간을 가장 짧게 하여, 선발명주의와 같은 권리 확보가 가능해집니다. 참고로 미국에서는 가출원 제도가 인정되고 있어, 정식으로 특허출원을 하기 전 가출원을 통해 발명의 조기 우선권을 확보할 수 있습니다. 일본에서는 현재 이런 제도는 없지만, AI 출원형을 활용하면 실질적으로 조기 우선권 확보의 가능성이 생깁니다.

또한 IP LANDSCAPE 특허 검색을 활용하면, 특허출원이 증가하고 있는 분야에서, 아직 출원되지 않은 기술의 공백 영역을 찾을 수 있는 가능성도 있습니다. 그 영역에서 아이디어 수준이라도 특허가 될 만한 아이템을 떠올리면, AI 출원형을 활용해 바로 그 아이디어를 특허출원할 수 있습니다. 즉, 브레인스토밍 수준의 아이디어 회의를 진행하고, 그 결과를 바로 특허출원하는 방식입니다. 이 방식이 보급된다면, 일본의 특허출원 수를 급격히 늘릴 수 있는 가능성이 있습니다.

기술의 공백 영역을 찾기

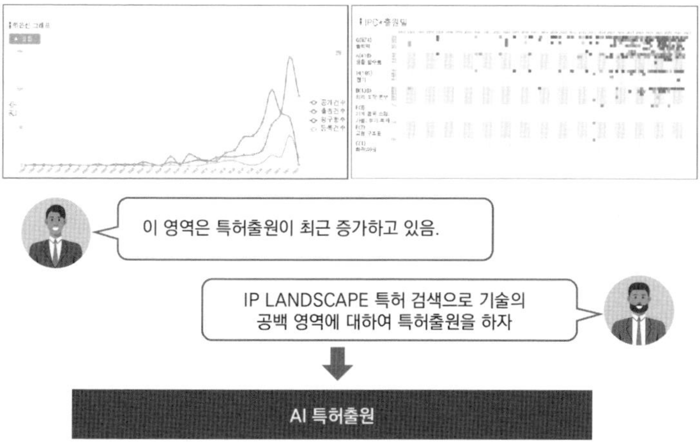

본래 이러한 아이디어 회의는 예전부터 진행되어 왔습니다. 발명자와 변리사가 디스커션(discussion)을 하면서 아이디어를 내고, 특허출원을 목표로 하는 미팅입니다. 발명자의 아이디어에 특허성이 낮을 경우에는, 브레인스토밍을 통해 아이디어를 개선합니다.

하지만 예전에는 특허성이 높은지 여부를 판단하는 데, 즉 특허 조사에 시간이 걸렸습니다. 그런데 이 아이디어 회의에 AI 특허 평가와 AI 특허 문서 작성을 도입하면, 상황이 완전히 바뀌게 됩니다.

먼저 AI 특허 평가를 통해, 아이디어 회의를 진행하면서, 나온 아이디어의 특허성을 실시간으로 판단할 수 있습니다. 그 결과, 검토할 수 있는 아이디어의 수를 획기적으로 늘릴 수 있습니다. 또한 아이디어 회의의 효율성도 크게 높일 수 있습니다. 회의 중에 나온 아이디어에 대해 평가를 진행하고, A 판정을 받은 아이디어에 대해서는 바로 그 자리에서 AI 특허 문서 작성 시스템을 활용할 수 있습니다. 즉, 즉시 특허 서류를 작성할 수 있습니다.

혹은 처음에 D 판정을 받았던 아이디어에 개선을 가한 결과, C 판정까지 레벨 업할 수 있다면, 브레인스토밍을 통해 더 높은 수준으로 발전시킬 가능성도 생깁니다.

After AI 시대의 특허 문서 작성 6
: AI를 활용한 특허 문서 작성의 합법성

그렇다면 이러한 AI 활용이 특허출원 과정에서 누구나 인정할 수 있는 것이 될까요? IP LANDSCAPE 특허 검색을 활용한 검색이나, AI 특허 평가 시스템에 의한 평가의 합법성에는 문제가 없다고 생각합니다. 그렇다면 AI 특허 문서 작성 시스템을 사용해 특허 문서를 작성한 경우는 어떻게 해석될까요?

결론부터 말하자면, 경제산업성으로부터 AI에 의한 특허 서류 작성 행위는 변리사법 위반에 해당하지 않는다는 의견을 받았습니다.

우선 일본 변리사법 제75조에는 다음과 같이 기록되어 있습니다.

"변리사 또는 특허 업무 법인이 아닌 자는, 타인의 요청에 따라 보수를 받고, 특허, 실용신안, 디자인 또는 상표 또는 국제출원 또는 국제 등록 출원에 관한 특허청에서의 절차 또는 특허, 실용신안, 디자인 또는 상표에 관한 이의 신청 또는 심판에 관한 경제산업대신에게 제출하는 절차를 대리(특허료 납부 절차 대리, 특허 원부에 등록 신청 절차 대리 등 내각령으로 정해진 것 제외)하거나, 그 절차와 관련된 사항에 관한 감정의 의견 제시 또는 내각령으로 정해진 서류나 전자기록 또는 자기기록의 작성을 직업으로 할 수 없다." 여기에서 기록된 변리사 또는 특허 업무 법인이 아닌 자가 작성할 수 없는 서류는 특허출원에 관한 출원서, 명세서 그리고 특허청구범위입니다.

특허, 실용신안, 디자인, 상표 등과 관련된 출원 등의 권리 발생에 직접적으로 관련된 절차에는 고도의 전문적인 지식이 요구됩니다. 따라서, 우선 이들에 관한 출원 등의 절차를 수행하는 자의 이익을 보호할 필요가 있습니다. 또한 절차가 적절하고 원활하게 이루어져 공공의 이익을 보호하기 위해, 일련의 절차를 변리사 자격을 가진 자가 수행하지 않는 것을 금지하는 것입니다.

이 변리사법 제75조에서는 AI에 의한 기초 자료 작성은 예외로 고려되지 않습니다. 그래서 '그레이존(Gray zone) 해소 제도'를 이용해 문제가 없는지 확인했습니다. 그레이존 해소 제도는 산업 경쟁력 강화법(Industrial Competitiveness Enhancement Act)에 따라, 사업자가 현재 규제의 적용 범위가 불분명한 경우에도 안전하게 새로운 사업 활동을 할 수 있도록 구체적인 사업 계획에 대해 미리 규제의 유무를 확인할 수 있는 제도입니다. 그 결과, 경제산업성으로부터는 다음과 같은 의견을 받았습니다.

"본 시스템을 변리사 또는 특허 업무 법인에 제공할 경우, 본 시스템이 출력하는 서류 데이터는 변리사 또는 특허 업무 법인만 접근할 수 있는 것이기 때문에, 본 시스템을 이용한 서류 작성 행위는 변리사의 감독 하에 이루어지고 있어, 변리사법 위반이 아니라고 생각된다.

반면, 본 시스템을 변리사가 재직하는 기업 또는 변리사가 재직하지 않는 기업에 제공할 경우, 본 시스템을 이용한 서류 작성 행위에 변리사가 반드시 관여하도록 충분하고 객관적인 제도적·운영적 처리가 이루어지면, 해당 서류 작성 행위는 변리사법 위반에 해당하지 않는다고 생각된다.

단, 본 시스템 이용의 구체적인 방식에 따라, 변리사가 서류 작성에 실질적으로 관여하지 않고, 이른바 '명의 대여'에 해당한다고 인정되는 경우, 본 시스템을 이용한 서류 작성 행위가 변리사법 위반이 될 가능성도 있다(경제산업성 2022)."

즉, 변리사의 감독 하에 있다면, AI를 활용한 특허출원에는 아무런 문제가 없다는 공식적인 승인을 받았습니다.

AI 활용이 지적재산 강국 일본 부활의 키를 쥐고 있다

발명자가 쓴 아이디어 설명이나 변리사가 쓴 특허 서류 등을 바탕으로, AI가 특허 서류를 순식간에 작성해 주는 시점에 가까

워지고 있습니다. 더욱이 입력되는 공개 및 미공개 특허 데이터를 통해, AI가 다양한 발명을 글로 작성하여 출력할 가능성도 있습니다.

지금까지는 하나의 발명에 대해 쓸 수 있는 특허 서류가 하나로 제한되어 있었습니다. 그러나 AI를 활용하면, 하나의 발명에 대해 여러 개의 특허 서류를 몇 분 이내에 작성해 줄 가능성도 있습니다.

게다가, AI의 활용은 이 수준에 그치지 않습니다. 지금 바로 AI에 의한 특허출원 혁명이 진행 중이며, 본 저자도 앞으로 어떤 세계가 펼쳐질지 정확히 아직 보이지 않습니다. 무엇이 새로운 특허출원을 이끌어 낼까요? 특허출원에 새로운 가능성을 열어가고 있는 것이 생성형 AI, 2023년에 갑자기 세상을 변화시키고 있는 ChatGPT입니다. 이것이 특허 세계에 어떤 영향을 미칠지는 다음 장에서 생각해 보겠습니다.

제5장

AI를 활용해 일본을 다시 IP 강국으로 만들기

제5장

AI를 활용해 일본을 다시 IP 강국으로 만들기

생성형 AI가 작성한 특허 문서 작성

제6장에서 자세히 소개하겠지만, 저는 아이들이 특허에 친숙해지도록 하기 위한 활동인 '発明寺子屋®'(이 활동에 대해서 후술함)를 진행하고 있습니다. 아이들을 모아 특허가 무엇인지 설명하고, 모두에게 발명 아이디어를 내게 하는 활동입니다. 우수한 아이디어가 나오면, 그것을 실제로 특허출원까지 진행합니다.

지금까지 진행한 이벤트들에서 놀라운 아이디어들이 많이 나왔으며, 그 중 일부는 특허를 취득한 몇 가지 사례도 있습니다. 그 중 하나가 '연필 보호기'입니다. 연필이 책상 위에서 떨어지면, 바닥에 심이 닿아 부러지는 경우가 종종 있습니다. 그래서 '発明寺子屋®'에 참여한 초등학생이 이 문제를 해결하기 위한 발명을 생각해냈습니다.

먼저, 원래 연필이 잘 떨어지지 않도록 깎지 않은 쪽에 클립을 붙입니다.

그리고 연필이 떨어졌을 때 심쪽이 아래로 가는 것을 방지하기 위해, 클립에 무게추를 달게 됩니다. 이 아이디어를 바탕으로 특허출원을 위한 개요 문서가 아래와 같이 작성되었습니다. 조금 길어지지만, 실제 특허 문서의 샘플로 간략히 보시기 바랍니다.

특허출원 문서의 일 예

〈연필 보호기 요약 문서〉

- **발명의 명칭**: 연필 보호기
- **본 발명의 목적**: 연필 낙하로 인한 심의 부러짐 문제를 개선하기 위한 장치를 제공하는 것.
- **기술적 배경**: 현재의 연필은 손에서 미끄러져 떨어지면, 대개 심이 부러지는 문제가 있다. 심이 부러지면 연필을 다시 사용하기 위해서는 연필을 다시 깎는 작업이 필요하며, 이는 시간과 노력을 요구한다.
- **발명의 내용**: 본 발명은, 연필의 낙하를 방지하는 클립과, 만약 낙하했을 때 심이 직접 바닥에 닿지 않도록 하는 무게추를 포함하는 장치, 즉 '연필 보호기'이다. 클립은 연필이 손에서 미끄러져 떨어지지 않도록 하기 위한 것이며, 무게추는 연필이 낙하할 때 심이 직접 바닥에 닿지 않도록 하기 위한 것이다.

- **발명의 효과**: 본 발명에 의해, 연필의 심이 부러지는 것을 효과적으로 방지할 수 있으며, 연필 사용자들의 편리성을 향상시킬 수 있다. 연필이 미끄러져 떨어지는 것을 방지할 뿐만 아니라, 만약 낙하하더라도 심이 바닥에 닿지 않도록 보호할 수 있게 된다.

또한 자세한 기능 설명서는 다음과 같습니다.

〈연필 보호기 기능 상세〉

- **클립**: 본 발명의 핵심적인 부분으로, 직접 연필에 부착할 수 있다. 클립은 미끄럼 방지 소재(예: 고무나 실리콘)로 제작되어, 연필을 사용자의 손에 단단히 고정하는 역할을 한다. 이를 통해 사용자가 연필을 실수로 떨어뜨릴 위험을 대폭 줄일 수 있다. 또한, 클립은 쉽게 부착하거나 분리할 수 있으며, 다양한 크기의 연필에 맞게 조정할 수 있다
- **무게추**: 무게추는 클립의 반대쪽에 배치되어, 연필이 낙하할 때 심이 직접 바닥에 닿지 않도록 하는 기능을 한다. 무게추는 연필의 중심을 변화시켜 심이 바닥으로 떨어지는 것을 방지한다. 이 무게추는 클립 부분과 마찬가지로, 부착이나 분리, 무게 조정이 가능하며, 사용자의 취향이나 연필의 크기에 맞게 맞춤화할 수 있다.
- **내충격 소재**: 클립과 무게추는 내충격 소재(예: 고무나 실리콘)로 덮여 있다. 이를 통해, 연필이 바닥에 닿았을 때의 충

격을 흡수하고, 심이 부러질 위험을 더욱 낮출 수 있다. 또한, 이 소재는 사용자 손에 부드러운 촉감을 제공하며, 장시간 글쓰기도 편안하게 사용할 수 있다.

이어서, 본 발명을 실시하기 위한 태양 및 산업상 이용가능성은 다음과 같습니다.

〈연필 보호기의 실시 태양과 산업상 이용가능성〉

- **실시 태양**: '연필 보호기'는 조정 가능한 클립과 추를 통합한 형상을 갖는 것으로 간주된다. 클립은 크기나 모양에 관계없이 다양한 연필에 부착되도록 설계하는 것이 바람직하다. 또한 연필 끝에 추를 달아 연필의 무게 중심을 조정한다. 추 부분은 연필이 떨어져도 심이 땅에 닿지 않고 충격을 흡수하도록 설계되어 있다. 클립과 추는 사용자가 편안하게 잡을 수 있도록 부드러운 재료(예: 고무, 실리콘 등)로 만들어질 수 있다.
- **산업상의 이용가능성**: '연필 보호기'는 교육 산업이나 사무용품 산업에서의 이용이 고려될 수 있다. 학생이나 교직원, 사무직 종사자들이 연필을 사용하는 경우, 심이 부러지는 문제는 매우 일반적이며, 이 발명은 그 해결책이 될 수 있다.

또한, 특히 예술가나 설계자 등, 고급 예술용 연필이나 전문적인 드로잉 연필을 사용하는 전문가들에게는 이 발명이 자재 보호로서 매우 유용합니다. 심의 파손을 방지함으로써, 이러한 고급 필기구의 수명을 연장할 수 있습니다.

게다가, 이 '연필 보호기'는 어린이들이 연필을 사용하여 학습을 시작하는 초기 교육 현장에서도 특히 유익합니다. 어린이들은 자주 연필을 떨어뜨리기 때문에, 이 장치는 교사의 시간과 노력을 절약하고, 연필의 수명을 연장할 수 있습니다.

이러한 잠재적인 용도는, 광범위하고 다양한 시장에서 '연필 보호기'의 상업적인 성공을 보여주고 있습니다.

이 발명과 관련될 수 있는 특허 분야나 선행 기술, 특허 문헌은 아래와 같습니다.

〈관련성이 있을 수 있는 특허 분야〉

- **연필 보호 장치**: 연필의 심을 보호하기 위한 다양한 장치나 케이스가 그동안 특허화되었다. 이 문헌들은 심 보호 메커니즘의 선행 기술로서 참고될 가능성이 있다.
- **낙하 방지 장치**: 클립이나 홀더 등, 물건을 손에서 떨어뜨리지 않기 위한 장치에 관한 특허도 존재한다. 이들은 클립 기능 개발과 관련이 있을 수 있다.
- **무게추가 달린 장치**: 필기구에 무게추를 달아 균형을 맞추기 위한 장치나 시스템에 관한 특허도 존재한다. 이들은 무게추의 배치나 중심 조정과 관련이 있을 수 있다.

〈선행기술 문헌 및 특허 문헌〉

※ 제 지식은 2021년까지의 것이라, 그 이후의 정보에 대해서는 파악하고 있지 않습니다.

그렇기 때문에, 특정한 '연필 보호기'에 관한 선행 기술이나 특허 문헌을 제공하는 것은 할 수 없습니다. 하지만, 특허출원을 할 때에는, 비슷한 장치나 기술에 관한 선행 기술이나 특허 문헌을 조사하는 것이 중요합니다.

생성형 AI의 불가해한 힘

분명히 밝히자면, <연필 보호기 개요 문서>에서 <선행 기술 문헌과 특허 문헌에 대해>까지 일련의 문서를 작성한 것은 제가 아니라 생성형 AI, 구체적으로는 ChatGPT입니다(일부 표기를 수정함). 조금 더 정확하게 표현하자면, 위의 문장은 제가 던진 질문에 대한 ChatGPT의 답변입니다. 따라서 마지막의 <선행 기술 문헌과 특허 문헌에 대해>부분에서 "저(=ChatGPT)의 지식은 2021년까지의 것이라, 그 이후의 정보에 대해서는 파악하고 있지 않습니다"라는 주의 문구가 달려 있는 것입니다.

물론, 이런 생성형 AI가 작성한 문서를 그대로 특허출원에 사용하는 것은 지금으로서는 생각할 수 없습니다. 이 문서는 참고 자료로 사용하면서, 변리사가 최종 체크를 하며, 때로는 전면적인 수정과 보완 작업을 포함해 특허출원을 진행하게 됩니다.

하지만, 변리사로서의 경력이 10년을 넘은 저의 눈으로 볼 때, 적어도 '연필 보호기'에 대해 생성형 AI가 작성한 특허출원 문서는 충분히 사용할 수 있다고 판단할 수 있습니다. 유일한 장애물은 '저의 지식은 2021년까지의 것'이라는 데이터의 제한이지만, 이는 얼마든지 갱신 가능합니다.

ChatGPT를 대표로 하는 생성형 AI가 주목받기 시작한 것은, 2023년부터였습니다. ChatGPT의 초기 버전은 3.5였고, 3월에는 GPT－4가 출시되었습니다. 저는 ChatGPT가 등장했을 때, 아마도 특허출원에 사용할 수 있을지도 모른다고 생각하고, GPT－3.5를 시험해 보았습니다. 그러나 안타깝게도 당시의 첫 인상은 '이 정도로는 좀 어려운가?'였습니다.

그런데 3월에 출시된 GPT－4를 사용해 보았을 때, 정말로 "깜짝 놀랐다"는 감정을 느꼈습니다. 그 결정적인 차이는, 파라미터 수가 비약적으로 증가한 점에 있습니다. GPT－3.5의 파라미터 수는 1750억 개였지만, GPT－4의 파라미터 수는 추정하건대 약 100조 개에 달한다고 합니다.

그 결과, 무슨 일이 일어났을까요? 예를 들어 미국에서 모의 사법 시험을 봤을 때, GPT－4의 성적은 수험자의 상위 10% 정도의 점수에 들어 합격 가능성을 보였습니다. 또한, 일본의 의사 국가 시험에 대해서도, GPT－4는 GPT－3.5보다 더 나은 성적을 기록하며 합격 수준에 도달했습니다(출처: Evaluating GPT－4 and ChatGPT on Japanese Medical Licensing Examinations).[10]

GPT－4는 GPT－3.5에 비해 비약적인 진화를 이루었습니다.

저는 이러한 비약적 진화로 ChatGP를 특허 분야에도 사용될 수 있다고 생각했습니다. 공격적인 특허 전략, AI를 활용해 물량으로 압도하는 전략을 펼칠 때, 생성형 AI를 사용하지 않을 이유가 없습니다. 그래서 저는 어떻게 활용할지에 대해 생각하기 시작했습니다.

생성형 AI는 변리사의 업무를 변화시킨다

참고로 ChatGPT에 "생성형 AI는 변리사의 일을 어떻게 변화시킬까?"라고 물어본 결과, 다음과 같은 답변을 받았습니다.

AI(인공지능)은 변리사의 업무에 혁신적인 변화를 가져오고 있습니다. 변리사가 수행하는 일련의 작업들 중, 구체적으로는 데이터 분석, 패턴 인식, 정보 관리 등은 AI 기술에 의해 효율화될 가능성이 있습니다.

가장 중요한 영향들 중 하나는 특허 검색 및 분석입니다. 특허 문헌은 거대하고 복잡한 데이터 세트를 형성하고 있으며, 변리사는 클라이언트의 발명이 기존 특허와 중복되지 않거나, 신규성, 진보성, 산업상의 이용가능성이 있는지 확인하기 위해 이 데이터를 상세히 조사해야 합니다. AI는 이 과정을 고도로 자동화하여 변리사가 특허 데이터베이스를 더 빠르고 정확하게 검색할 수 있게 합니다.

더욱이, AI는 특허청구범위 작성에도 도움이 됩니다. 특허청구범위 작성은 고도의 전문적이고 정밀한 기술을 필요로 하지만, AI는 변리사가 관련 법적 요건을 충족하는 적절한 언어와 구조를 확립하는 데 도움을 줍니다. AI는 다양한 특허의 언어 패턴을 학습하고, 변리사가 효과적인 특허청구범위를 작성할 수 있도록 제시나 제안을 제공합니다.

한편, 변리사의 판단을 보완하는 형태로, AI는 심사 과정을 지원합니다. AI는 특허 심사에 필요한 정보를 수집하고, 특허의 유효성이나 강도를 평가하는 데 도움을 줍니다. AI는 적절한 정보를 빠르게 찾아내고 분석함으로써, 변리사가 더 확실한 결정을 내리는 데 도움을 줍니다.

하지만, AI는 법적 해석이나 윤리적 판단을 필요로 하는 복잡한 문제에 대해서는, 인간 변리사가 가진 통찰력, 경험, 직관에 미치지 못하는 경우가 아직 많습니다. AI는 도구로서의 역할이 강조되며, 최종적인 의사 결정이나 해석은 변리사가 담당합니다.

이와 같이, AI는 변리사의 일을 크게 도울 수 있지만, 여전히 변리사 자신의 전문 지식이나 판단력이 필요한 부분은 많습니다. AI의 발전은 변리사가 더 고급 문제 해결에 집중하고, 더 효율적이고 정확하게 일을 진행할 수 있게 합니다.

여기서 ChatGPT가 지적한 '가장 중요한 영향 중 하나는 특허 검색과 분석'에 대해서는, 이전 장에서 소개한 것처럼, 이미 저는 AI를 실용화하고 있습니다. 또한 '특허청구범위 작성에도 도움이 된다'는 점에 대해서는, 앞서 소개한 '연필 보호기'의 사례로 이해하실 수 있을 것입니다.

생성형 AI를 잘 활용하면, 변리사의 업무는 크게 변화할 것입니다. 물론 대기업의 개발·지적재산 부서, 발명가나 스타트업, 중소기업이어도 어떤 흥미로운 아이디어를 떠올린 곳이라면, 단번에 특허가 친근한 것이 될 것입니다.

생성형 AI의 구체적인 활용법

그렇다면, 발명 그 자체에도 생성형 AI를 활용할 수 있을까요? 현재 시점에서 AI는 어떤 발명을 생각해내는 것은 할 수 없습니다. AI에 의한 발명은, AI가 기존 데이터를 학습하여 답을 도출하는 방식이라면, 원칙적으로 불가능합니다.

그러나 발명 과정에서의 활용은 충분히 가능하다고 생각합니다. 예를 들어, 어떤 아이디어가 떠오르면, 먼저 그 아이디어를 특허 개요 문서로 ChatGPT에게 작성하게 해봅니다. 작성된 문서를, 이전 장에서 소개한 AI 특허 평가 시스템에 평가하게 합니다. 그 결과를 바탕으로 수정을 가합니다. 개요 문서를 ChatGPT에게 작성하게 하는 데 필요한 시간은, 불과 몇 분 정도입니다. 이를 AI 특허 평가 시스템에 넣고 결과가 나오는 동안 소요되는 시간도, 마찬가지로 몇 분 정도일 것입니다. 즉, 몇 분만 있으면 아이디어를 문서화하고 평가까지 진행할 수 있습니다.

이 단계에서는 아이디어를 생각한 사람은 ChatGPT를 상대 삼아, 자신의 발명을 다듬어 갈 수 있습니다. 즉, 생성형 AI를 아이디어를 검토하는 상대방으로 사용하는 셈입니다. 상대는 사람이 아니기 때문에, 어떤 엉뚱한 아이디어나 생각을 던져도, 진지하게, 아니 AI의 논리에 기반하여 성실하게 답을 돌려줍니다. 물론 AI의 답변은 이미 인터넷에 있는 데이터를 바탕으로 한 것에 불과하다는 점에는 주의가 필요합니다.

그러나 AI가 참조하는 데이터는, 한 사람이 참조할 수 있는 범위를 훨씬 능가합니다. 따라서, 이미 있는 데이터라고 하더라도, 질문한 사람이 전혀 몰랐던 정보를 알려주는 경우가 많을 것입니다.

그때 우연한 행운(Serendipity)이 일어날 가능성이 생깁니다. 물론 연구자들끼리 자유롭게 토론할 때에도, 비슷한 우연한 깨달음을 기대할 수 있습니다. 하지만 사람과 생성형 AI를 비교하면, 어느 쪽의 지식량이 더 풍부한지(생성형 AI의 경우는 지식이 아니라 데이터라고 표현해야 한다고 생각하지만)는 말할 필요도 없습니다. 게다가 AI는 항상 싫은 표정 하나 없이 상대해 줍니다. 정말로 걷고 있을 때 무언가 떠오르면, 그 자리에서 스마트폰으로 질문을 해도 됩니다.

아이디어 창출 시의 지원자로서, 생성형 AI는 최고의 파트너가 될 가능성을 가지고 있습니다.

연필 보호기 아이디어에 대해 ChatGPT와 검토한 결과

생성형 AI를 활용한 아이디어 검토를, 본 장의 처음에서 예시로 소개한 '연필 보호기'에 대해 실제로 시도해 보았습니다. 그 결과는 다음과 같았습니다.

Q: 연필을 책상 위에서 떨어뜨리면, 바닥에 심이 닿아 부러지는 경우가 자주 있습니다. 이 문제를 해결하려면 어떻게 해야 할까요?

Chat GPT

연필이 떨어져 심이 부러지는 문제를 해결하기 위해서는 다음과 같은 방법들이 고려될 수 있습니다.

- 연필 홀더 사용: 연필을 안정된 곳에 보관하면, 실수로 떨어뜨릴 위험을 줄일 수 있습니다. 연필 홀더는 연필이 굴러 떨어지는 것을 방지합니다.
- 쿠션(Cushion) 소재 사용: 작업 공간의 바닥에 쿠션(Cushion) 소재를 깔면, 연필이 떨어졌을 때 충격을 완화할 수 있습니다. 예를 들어, 고무 매트나 카펫 등을 사용할 수 있습니다.
- 연필의 질을 선택: 고품질 연필을 선택하면 심이 덜 부러질 수 있습니다. 또한, 연필의 심 경도도 영향을 미칩니다. 더 단단한 심(H, 2H 등)은 부러지기 어려운 경향이 있습니다.
- 낙하 방지 디바이스 개발: 연필이 떨어질 때 자동으로 잡아주는 장치 등을 개발하는 방법도 있습니다. 이는 꽤 큰 대책이지만, 필요에 따라 검토할 수 있습니다.

이런 대책을 시도해 보세요. 하지만 연필의 심이 완전히 부러지지 않도록 만드는 것은 어려울 수도 있습니다. 그럼에도 불구하고 어느 정도는 연필 다루는 법에 주의하는 것이 중요합니다.

이 답변을 받은 후, 저는 다음과 같은 질문을 덧붙였습니다.

Q: 만약 연필에 뭔가를 붙여서, 중심의 위치를 변경하면 심이 바닥에 떨어지지 않게 할 수는 없을까요?

Chat GPT

그것은 유효한 생각입니다. 연필의 중심을 변경하면, 낙하 시 연필의 방향을 제어할 수 있는 이론적인 가능성이 있습니다.

예를 들어, 연필의 끝 부분(심에서 멀리 떨어진 쪽)에 무거운 물체를 부착하면, 중심이 그 방향으로 이동합니다. 그 결과, 연필이 떨어질 때, 더 무거운 끝이 먼저 지면을 향해 회전할 가능성이 높아집니다. 이로 인해, 심이 바닥에 직접 닿을 확률이 낮아질 수 있습니다.

하지만, 실제로 이것이 기능을 할지는 실험해보지 않으면 알 수 없습니다. 또한, 무게를 추가하면 연필의 사용성에 영향을 미칠 가능성도 있습니다. 균형을 맞추기 위해 적당한 무게와 크기의 물체를 끝에 부착하는 것이 중요합니다.

실험적으로 시도해 보는 것도 좋은 학습 경험이 될 것입니다. 하지만, 이것이 어느 정도 유효한 대책인지는 실제로 시도해보지 않으면 알 수 없는 부분도 많습니다. 그렇다고 해서 새로운 아이디어를 시도하지 않을 이유는 되지 않습니다. 재미있는 아이디어네요! 더 많은 질문을 던져보겠습니다.

Q: 만약 연필 끝에 쿠션 역할을 할 수 있는 고무를 붙인다면 어떨까요?

Chat GPT

연필 끝에 쿠션 기능이 있는 고무를 부착하는 아이디어는 매우 좋은 생각이라고 생각합니다.

이 대책은 두 가지 장점이 있습니다:

- 중심 변경: 말씀하신 대로, 끝에 무게를 추가함으로써 연필의 중심이 변하고, 심이 바닥으로 떨어지는 확률이 낮아질 수 있습니다.
- 충격 흡수: 낙하 시 충격을 고무가 흡수하기 때문에, 연필의 심이 부러질 위험을 줄일 수 있습니다.

이와 같은 제품은 이미 존재할 수 있지만, 만약 존재하지 않는다면, 새로운 제품으로 시장에 출시하는 것도 가능할 것입니다. 또한, 직접 만들 수도 있습니다. 일부 연필에는 이미 끝에 고무 지우개가 부착되어 있지만, 이를 더 크고 부드러운 소재로 덮으면 직접 만들 수도 있을 것입니다.
다만, 연필의 균형, 사용성 그리고 외관의 미적 요소도 고려해야 합니다. 이 모든 요소를 만족하는 제품을 설계하는 것은 일정한 도전이 될 수 있습니다. 하지만 그것은 매우 흥미로운 프로젝트가 될 수 있습니다.

계속해서 질문을 이어갔습니다.

Q: 이 아이디어로 특허를 취득할 수 있을까요?

Chat GPT

특허를 취득하려면, 다음 기본적인 요건을 충족해야 합니다:

- 신규성: 당신의 발명은 새로운 것이어야 합니다. 즉, 발명일 전에 공개되지 않은 것이어야 합니다.
- 진보성: 발명은, 그 기술 분야의 일반적인 지식을 가진 사람에게 명백하지 않을 만큼 진보해야 합니다.

- 산업상의 이용가능성: 발명은 어떤 형태로든 산업적으로 유용해야 합니다.

당신의 아이디어에 대해 구체적으로 말하자면, 연필 끝에 쿠션 기능이 있는 고무를 부착하는 발명은 신규하고, 진보성이 있으며, 산업상 이용가능성이 있는 것으로 보입니다. 하지만 이 발명이 실제로 신규한 것인지는 특허 사무소에서 진행하는 선행 기술 조사를 통해 확인해야 합니다. 이미 유사한 발명이 존재한다면, 신규성이 인정되지 않을 수 있습니다.
따라서, 특허를 취득할 가능성을 더 자세히 알기 위해서는 특허 사무소나 특허 변호사(patent attorney)에게 상담하는 것이 좋습니다. 그들은 당신의 발명에 대한 특허 가능성을 평가하고, 필요한 절차를 안내해 줄 것입니다.

지금까지의 과정에서, 우리가 문제를 설정하고, 먼저 질문을 던졌습니다. AI의 답변에 대해, 특허화나 실용화를 염두에 두고, 계속해서 질문을 던져 나갔습니다. 그에 대한 AI의 답변에 주목해 보세요. 기본적으로 인간의 아이디어를 긍정적으로 받아들이고, 전향적으로 검토하며(데이터를 찾아본?) 결과를 돌려주고 있습니다.

AI는 우리의 의욕을 끌어내고, 후원해 주었습니다. 이와 같은 활용 방식으로 아이디어를 다듬고(Brush up), 그것을 출원에 진행하는 것도 가능할 것입니다.

AI는 지적재산 전략에 근본적인 변화를 일으킬 가능성을 지니고 있습니다.

변리사 출원 및 AI 기반 출원에 대한 테스트 결과

AI는 아이디어 제시에 더해, 그 결과를 특허출원 서류로 정리하는 작업도 지원해 줍니다. 그렇다면 실제로 AI에게 출원 서류를 작성하게 했을 때, 특허 심사는 어떻게 될까요?

이 질문에 대한 답을 얻기 위해, 실제로 AI를 사용한 특허출원을 진행해 보았습니다. 그 과정에서는 AI에 의한 출원과 더불어, 동일한 청구항에 대해 변리사도 출원하여 결과를 비교 검토했습니다.

특허출원 주제는 제가 개발한 'IP LANDSCAPE 특허 검색'입니다. 이 주제에 대해 동일한 청구항을 가지고, 변리사 출원(특허출원번호 2021-095518)은 변리사가 서류를 작성하여 제출하고, AI 출원(특허출원번호 2021-095540)은 AI 특허 문서 작성 시스템으로 작성된 서류를 변리사가 수정하여 제출했습니다.

두 출원 모두 2021년 6월 8일에 출원하고 심사 청구를 했고, 11월 2일에 두 출원 모두 거절 이유 통지를 받았습니다. 이에 대해 12월 1일에 의견서 및 보정서를 각각 제출하였고, 2022년 2월 1일에 두 출원 모두 특허 심사를 받았습니다.

변리사 출원에 의한 권리화는 IP LANDSCAPE 특허 검색의 점진적 검색(Incremental Search)을 대상으로 하고 있습니다. 점진적 검색은 키워드를 입력할 때마다 단어 단위로 검색을 진행

변리사 출원의 권리화 예

변리사 출원(특허출원2021-095518)

【청구항 1】
서지 정보와 선행 문서 정보를 갖추는 문서 데이터를 복수 기록하는 문서 정보 데이터베이스와, 사용자가 조작 가능한 사용자 단말기에서 송신된 1개 이상의 검색 키워드를, 검색 조건으로 입력을 접수하는 입력부와, 상기 검색 키워드의 입력을 단어 단위로 접수할 때마다, 상기 검색 키워드를 포함하는 선행 문서 정보의 검색을 상기 단어 단위로 반복 실행하는 검색 실행부와, 상기 검색 키워드를 포함하는 선행 문서 정보에 대응하는 서지 정보를 상위 개념으로 나타내는 상위 개념화 정보에 근거하여, 상기 문서 데이터 각각을 부감화하는 기술 부감 정보를 생성하고, 당해 기술 부감 정보는, 상기 검색 실행부의 검색을 반복 실행함으로써, 상기 검색의 실행에 연동하여, 기술 부감 정보를 갱신하는 생성부와, 상기 갱신된 기술 부감 정보를, 상기 사용자 단말기로 출력하는 출력부를 갖추는, 기술 조사 지원 장치.

문장·키워드 입력할 때마다 실시간으로 검색 결과가 표시되는 점진적 검색 방식을 권리화!

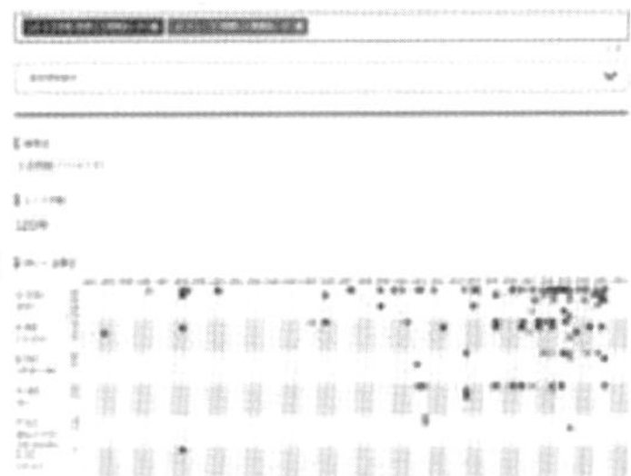

AI 출원의 권리화 예

AI출원 (출원번호2021-95540)

서지 정보와 선행 문헌 정보를 갖춘 문서 데이터를 복수 기록하는 문서 정보 데이터베이스와, 사용자가 조작 가능한 사용자 단말로부터 통신된 1개 이상의 검색 키워드를, 검색 조건으로서 입력을 받는 입력부와, 상기 검색 키워드의 입력을 받을 때마다, 상기 검색 키워드를 포함하는 선행 문헌 정보의 검색을 반복 실행하는 검색 실행부와, 상기 검색 키워드를 포함하는 선행 문헌 정보에 대응하는 서지 정보를 상위 개념으로 나타내는 상위 개념화 정보에 기초하여, 상기 문헌 데이터 각각을 부감화하는 기술 부감 정보를 생성하며, 해당 기술 부감 정보는 상기 검색 실행부의 검색을 반복 실행함으로써 기술 부감 정보를 갱신하는 생성부와, 상기 기술 부감 정보를 상기 사용자 단말에 출력하는 출력부를 갖는 것으로서, 단어를 하위 개념의 단어로, 단어를 상위 개념의 단어로 대응시키는 것에 의해 상하위 시소러스를 작성하고, 상하위 시소러스로부터 삭제하는 것을 가능하게 하는, 기술 조사 지원 장치.

특허출원 시, 시소러스의 작성·삭제는 변리사 출원에는 포함되어 있지 않았다. 그러나, AI 출원에서는 해당 시소러스의 작성·삭제에 근접한 실시예를 예측·기록한다. 그리고, 권리화!

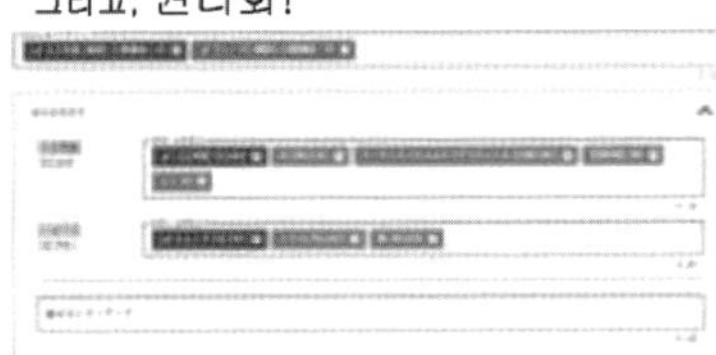

◆ AI에 의한 유의어 제안
입력한 키워드로부터 유의어 후보를 제시하며, 편집도 가능

변리사 출원(위)와 AI 출원(아래)의 내용

하고, 검색 결과를 조망 맵으로 형성하는 시스템입니다. 반면 AI 출원에서는, IP LANDSCAPE 특허 검색의 유의어(Thesaurus) 후보를 제시하고, 편집도 가능한 점을 보정사항으로 내세워 특허

등록되었습니다.

이 테스트 사례를 통해 입증된 것은, AI의 매우 효과적이고 실용적인 활용법입니다.

즉, 특허출원을 고려할 때, 어쩔 수 없이 발명 본질론을 추구하기 쉽지만, 실제 중간 처리, 구체적으로는 클리어런스 조사에서는 자사 제품 또는 타사의 제품에 대한 내용에 따라 청구항 작성만으로도 권리화를 노릴 수 있습니다. 이 경우에 AI가 작성한 실시예는 중간 처리에서 매우 강력한 무기가 될 수 있습니다. 참고로, 클리어런스 조사는 자사 제품을 제조 및 판매할 때, 타사가 등록한 특허권을 침해하지 않았는지 확인하는 조사입니다.

요약하자면, 먼저 선행 기술 조사는 IP LANDSCAPE 특허 검색을 통해 진행합니다. 구체적으로는 발명 아이디어를 입력하여, 유사 문헌을 찾습니다. 그 후 클리어런스 조사를 통해, 최대한 유사특허군을 목록으로 정리하여 분석합니다. 그 후 AI 특허 문서 작성 시스템을 활용하는 것입니다. 즉, 발명 내용을 '청구항'으로 기재하고, 그 청구항을 기준으로 특허 서류를 작성할 재료로 유사특허 목록을 '유사특허군'에 업로드하기만 하면 AI가 특허 문서를 완성합니다.

이 일련의 작업에 필요한 시간은 약 30분 정도입니다. 이렇게 완성된 서류를 읽고, 아이디어를 다시 다듬어 나갑니다. 그 과정에서 생성형 AI도 활용할 수 있습니다. 발명에 대한 생각이 크게 바뀌게 됩니다.

이렇게 하면, 핵심 발명에 대한 특허를 취득하는 것은 물론,

관련된 주변 특허까지 한 번에, 짧은 시간 내에 확보할 수 있게 됩니다. 이것이 바로 patent mining이며, 제2장에서 전달한 '신 Lanchester 전략'을 실천하는 강력한 무기가 됩니다.

AI에 의한 특허 문서 작성은, 어디까지 진화할 수 있을까요?

현 시점에서, 특허출원 서류 작성에 얼마나 AI를 활용할 수 있을까요?

질문한 내용에 대해서 AI는 전문가보다 더 세심한 해설을 여러 가지 패턴으로 제시해줍니다. 반면, 매우 전문적인 기술 내용 설명이나 발명의 창작에 대해서는 아직 부족한 인상이 있습니다. 현재 상황을 요약하면 다음의 표와 같습니다.

AI 시대의 특허출원의 질

특허 서류의 항목		GPT의 적응성	변리자의 관여
특허청구범위			발명을 불명확하게 표현하는 경향 있음
명세서	발명의 명칭	O	
	기술분야	O	
	배경기술	O	
	선행기술문헌	X	필요한 선행 특허 문헌의 입력이 필요
	특허문헌 발명의 개요	-	
	발명이 해결하고자 하는 과제	O	
	과제를 해결하기 위한 수단		
	발명의 효과	O	특허청구범위와 동일함
	도면의 간단한 설명	X	
	발명을 실시하기 위한 형태	△	기술적 내용의 설명이 약함
	산업상 이용가능성	O	
	부호의 설명	X	도면의 이해가 가능하지 않음
요약서			
출원서		O	
도면		X	도면은 어려움

여기서 문제되는 것은 선행 기술 문헌과 도면 관련 그리고 발명의 실시 형태를 어떻게 처리할 것인가입니다. 현재 ChatGPT에는 선행 기술 문헌을 추출하는 기능이 없습니다. 반대로 말하자면, 이 기능을 어떤 방식으로든, 예를 들어 API(Application Programming Interface) 등으로 보완하면 될 것입니다.

그래서 생성형 AI가 어려워하는 항목을 보완하기 위해서는 어떻게 해야 할까요? 우선 변리사가 발명자와의 대화를 통해 발명 내용을 이해하는 방식의 히어링을 진행하고, 이를 바탕으로 실시예를 작성하는 생성형 AI 기반 특허 작성 시스템을 구축해 보았습니다.

즉, 일반적으로 변리사는 발명자에게서 발명 내용을 여러 번 듣고, 선행 기술과 다른 필수 요건을 개념화하여 이를 발명의 본질로 정리한 후 특허청구범위를 기재하고, 구체적인 실시예를 추가합니다. 이 일련의 과정을 생성형 AI에 의해 수행하게 하는 것입니다.

구체적으로는, 대화형과 기술형으로 문서를 작성하는 두 가지 방법이 있습니다.

AI에 의한 대화형 특허 문서 작성

발명자가 발명의 개요를 입력하면, 이에 대해 생성형 AI가 자동으로 질문을 반복합니다. 질문에 답해 나가면, 그 답변이 정리되어 특허 서류의 문장으로 반영됩니다. 포인트는, 생성형 AI의

가차없음에 어떻게 대응해나갈 것인가입니다.

즉, 변리사를 상대 삼아 아이디어를 이야기하고 다듬는 경우라면, 그 자리의 분위기나 표정을 읽은 변리사가 발명자에게서 잘 이야기를 이끌어냅니다. 반면, 생성형 AI는 결국 기계이기 때문에, 이론적으로 냉정하게 질문을 던지게 됩니다. 그렇다면 발명자의 심리적 부담이 커질 수 있습니다.

그래서 생성형 AI에게 질문만 하게 하는 것이 아니라, 답변안을 준비하여, 발명자가 응답을 선택한 후 추가할 수 있도록 합니다. 이로써 발명 내용이 아직 확정되지 않은 발명자의 아이디어를 구체화할 수 있습니다.

AI에 의한 기술형 특허 문서 작성

발명자가 발명의 본질을 파악하고 있는 경우, 실시예의 작성은 생성형 AI가 지원하는 시스템이 있습니다. 이 시스템에서는, 청구항을 입력하고, 학습 세트가 되는 유사군 특허(수십에서 수백 건)를 설정하여, 특허 문서 작성을 위한 배치 처리(일괄 처리)를 진행합니다.

청구항의 각 단어를 키워드로 삼고, 이를 설명하는 실시예를 생성형 AI가 유사군 특허에서 찾아옵니다. 그 후, 청구항의 내용에 맞게 생성형 AI가 실시예를 적절히 수정하고, 실시 가능 요건을 충족하는 기재까지 진행합니다.

이 시스템을 활용해 자사의 아이디어를 이용하고, 자사 및 타사의 유사군 특허를 입력하면, 자사나 타사의 미래 실시에 대한 예측을 기반으로 특허 서류를 작성할 수 있습니다. 게다가 유사군 특허의 데이터 세트를 변경하면, 실시예의 내용도 달라집니다.

즉, 기존에는 한 발명에 대해 한 개의 특허출원 서류를 변리사가 작성했으나, 이제는 한 발명으로 다수 출원을 변리사의 도움 없이(비용도 들이지 않고) 할 수 있게 됩니다.

대화형과 기술형으로 문서를 작성하는 특허 서류 작성 시스템은 'AI Samurai'의 새로운 서비스로 출시되었습니다. 이러한 AI 활용은, 예전에 일본이 그랬던 것처럼, 일본을 다시 세계의 지적재산 강국으로 끌어올려 줄 강력한 도구가 될 것입니다.

공격할 때는 방어도 튼튼히 해 두어야 한다

제2장에서 설명한 것처럼, 특허에 대해서는 항상 침해 문제를 고려해야 합니다. 왜냐하면 특허 발명을 실시하면, 그 결과 의도치 않게 다른 사람이 보유한 특허권을 침해할 수 있는 경우가 있기 때문입니다.

이유는 몇 가지가 있습니다. 우선, 다른 사람의 특허 발명의 특징을 포함하는 발명에도 특허권이 인정될 가능성이 있기 때문입니다. 또는 인위적인 실수로, 다른 사람의 특허 발명과 유사한 발명에 특허가 부여되는 경우도 있습니다. 어쨌든, 발명자라도 의도하지 않은 특허 침해를 일으킬 리스크가 있을 가능성을 염두에 두는 것이 좋습니다.

만약 다른 사람의 특허권을 침해하면, 손해 배상금을 청구받을 수 있는 경우가 있습니다. 앞서 언급한 것처럼, 미국에서는 특허를 고의로 침해한 경우에는 3배 배상이 요구됩니다. 또한 미국에서는 특허권 침해 소송이 활발히 이루어지고 있으며, 소송 비즈니스를 생업으로 삼는 사람들도 있습니다.

중국에서도 2021년부터는 마찬가지로 고의적인 침해에 대해 5배 배상이 제도화되었습니다. 특히 중국은 최근, 국가의 지원으로 특허출원을 늘려가고 있으며, 2022년에는 출원 수가 161만 건을 넘었다고 합니다. 특허를 활용해 지적재산 강국을 목표로 하는 중국에 대해, 그에 맞는 대응 방법을 고려해야 할 필요가 있습니다.

이를 위해 유효한 전략은 AI의 힘을 활용하여, 아이디어가 떠오르면 가능한 한 관련 특허까지 모두 확보하는 전술입니다. 이것이 바로 신 Lanchester 전략의 실천이며, patent mining을 철저히 하는 것입니다. 이를 통해 우선은 공격을 확실히 할 수 있습니다.

동시에, 방어도 철저히 강화해 놓으면 더 안전합니다. 그 방어를 위한 도구가 지적재산 보험, 구체적으로는 지적재산권 소송 비용 보험과 지적재산 배상 책임 보험입니다. 일본에서도 이미 거의 30년 전부터 지적재산 소송과 관련된 보험 서비스가 제공되었습니다. 하지만, 이는 손해 배상까지 보상하지 않기 때문에, 서비스로서 다소 부족한 부분이 있었습니다. 손해 배상까지 포함시키면, 손해 배상금이나 화해금이 수십억에서 수백억 엔 규모로 커질 수 있어, 보험 제공측에서도 망설이게 됩니다.

미국에서도 지적재산에 관한 보장 조치는 존재하지만, 특허 침해 소송처럼 고액의 배상 청구가 예상되는 분야에서는 보장이 면책되기도 합니다.

이러한 상황을 조금이라도 개선하기 위해 새로운 서비스들이 제공되기 시작하고 있습니다.

그 중 하나가 지적재산권 소송 비용 보험으로, 일본 내 특허 침해 소송을 제기했을 때 변리사, 변리사 보수, 감정 비용 등의 일부를 보상하는 것입니다.

또한 지적재산 배상 책임 보험은, 제3자의 지적재산을 침해하고 법적으로 손해 배상 책임을 지게 되었을 때 발생하는 피해에 대해 보험금을 지급하는 것입니다. 만약 소송이 제기되거나 소송에 휘말리게 되었을 때, 실제로 이와 같은 보험 제도의 활용은 충분히 고려할 만한 일이라고 생각합니다.

특허출원에서의 AI 활용에 따라, 지적재산과 관련된 새로운 보험 서비스의 등장도 기대할 수 있습니다. 공격과 방어, 중점은 공격에 두되, 방어에도 어느 정도 신경을 써야 합니다.

이러한 전략적 사고야말로, 앞으로 일본이 다시 지적재산 강국이 되기 위해 무엇보다 필요한 것입니다.

방어책으로서의 보험, 공격책으로서의 보험

지적재산을 둘러싼 분쟁이 활발해짐에 따라, 해외에서도 새로운 지적재산 서비스 제공이 활발해지고 있습니다.

먼저 미국에서 주의해야 할 점은, 패튼 트롤(patent troll)이라고 불리는 일군의 기업들입니다. 패튼은 특허를 의미하고, 트롤은 신화에 나오는 괴물을 뜻하는 말입니다. 이들 기업은 보통 사업 활동을 하지 않고, 제3자로부터 특허권을 사 모읍니다. 그 후, 보유한 특허권을 침해하는 제품을 제조하거나 판매하는 기업을 대상으로, 라이선스 지급을 요구하거나 특허권 침해 소송을 제기하여 배상금을 받습니다.

이러한 패튼 트롤의 공격에 대비하는 방어적 지적재산 보험으로는, 앞서 언급한 지적재산 배상 책임 보험이 주목받고 있습니다. 그 목적은 침해 소송을 당하고 패소한 경우, 피보험자가 부담하는 손해 배상을 경감하는 것입니다. 경감책으로는 변리사 비용, 소송 비용, 반소 비용 등이 포함됩니다. 또한, 침해 소송으로 고소된 경우의 방어 보험 외에도, 패튼 트롤 대응을 위한 특허 부여 후 방어 보험도 제공됩니다.

미국에서는 더 정교한 패튼 트롤 비즈니스가 전개되고 있으며, 일본 기업이 타겟이 된 정교한 사례도 있습니다.

구체적으로, 한 패튼 트롤이 일본 기업을 겨냥해 잇따라 소송을 제기하고 있었습니다. 이런 상황에서 미국의 다른 기업이, 타겟이 된 일본 기업에게 패튼 트롤로부터 공격을 받지 않도록 보호해 준다고 영업을 했습니다. 이렇게 설명하면 이해가 가실 텐데, 미국의 이 두 기업은 경영자들이 서로 아는 사이로, 이른바 '매치펌프(Match pump)'를 구축한 셈입니다. 물론 이런 악질적인 경우는 드물다고 여겨지지만, 미국에서 특허 관련 사업 활동을 펼칠 때에는 주의가 필요합니다.

중국에서는 보험 회사들이 지적재산 배상 책임 보험을 제공하고 있습니다. 그 중에는 공격적인 전략으로 특허 집행 보험이 있으며, 한편으로는 방어 전략으로 특허 배상 책임 보험 외에도 해외 전시회에서 특허 분쟁이 발생한 경우의 소송 비용을 보상하는 보험도 있습니다. 중국에서 이러한 지적재산 보험 서비스를 제공하는 기업은 현재로서는 제한적이며, 이들 모두 글로벌 비즈니스를 전개하고 있습니다.

또한, 중국의 특허 보험 정책 하에서는, 공격적인 특허 보험이 기업의 혁신을 촉진한다는 연구 결과도 보고되었습니다. 타사보다 먼저 좋은 특허를 많이 취득하려는 기업의 동기가 있기 때문에, 중국의 특허출원 수는 급증하고 있는 것으로 보입니다.

영국에서는 특허청이 지적재산 보험 서비스를 제공하는 기업을 공식 홈페이지에 게시하고 있으며, 이를 보면 많은 보험 회사들이 지적재산 보험 서비스를 제공하고 있다는 현황을 잘 알 수 있습니다. 그 중에서 흥미로운 점은, 사이버 사고에 대한 손해를 보상하는 보험 서비스(사이버 보험)에서, 사이버 사고로 인한 지적재산 침해로 인한 손해를 포함하는 보험도 있다는 점입니다.

한편으로는, 영국 특유의 특징이 있으며, 지적재산 보험의 보상 적용 범위를 영국, 유럽 국가, 미국을 포함한 전 세계 등으로 구분한 뒤, 적용 범위에 따라 보험료를 다르게 설정하고 있습니다. 그 배경에는 각 국가에서 지적재산 관련 소송 사건의 발생 빈도 차이가 있을 것으로 생각됩니다.

이처럼 지적재산 보험 시장이 급격히 확장되는 가운데, 어떤 지적재산 보험을 선택할 것인지가 중요해집니다. 방어책으로서의 지적재산 보험뿐만 아니라, 공격책으로서의 지적재산 보험도 염두에 두어야 합니다.

제6장

아이들의 아이디어가 일본을 구하다

- 어른들의 아이디어 회의에도 참고로

제6장

아이들의 아이디어가 일본을 구하다
- 어른들의 아이디어 회의에도 참고로

아이들의 아이디어를 특허로 만들다

아이들은 무한한 발상력을 가지고 있습니다. 그 능력을 마음껏 키워주고, 가능하다면 특허 취득까지의 일련의 과정을 경험하게 해주고 싶습니다. 게다가 사실 특허를 받는 것은 그리 대단한 일이 아니라는 것도 가르쳐 주고 싶습니다.

누군가가, 무엇인가에 대해 어려운 문제를 해결할 수 있는 아이디어를 떠올리면, 그것은 특허로 이어질 가능성을 가지고 있습니다. 그래서 어릴 때부터 아이들이 많이 발명을 하고, 특허에 친숙해졌으면 좋겠습니다. 그런 마음으로 시작한 활동이 바로 '発明寺子屋®'입니다.

이 명칭에는, 에도 시대의 寺子屋(일본식 서당)을 현대에 부활시키고자 하는 바람도 담겨 있습니다. 즉, 다양한 분야의 전문가들이 모여 협력하며 아이들의 학습을 지원하는 장소가 바로 현대의 寺子屋입니다. 아이들 각자의 깨달음과 발견을 돕고, 모두가 즐겁고 자유롭게 배울 수 있는 그런 공간을 제공하고자 하는 마음으로 発明寺子屋®를 시작했습니다.

누군가를 위해, 무엇인가를 해주고 싶다. 문득 깨달은 문제를 해결해 보고 싶다. 아이들이 생각한 "이런 걸 할 수 있으면 좋겠지!"라는 작은 생각이 실제로 훌륭한 아이디어로 이어질 가능성을 가지고 있습니다. 그런 아이디어의 싹을 전문가가 조금만 지원해 준다면, 특허 취득은 결코 꿈이 아닙니다. 그 지원에 AI의 힘, 구체적으로는 AI 특허 평가 시스템과 AI 특허 문서 작성 시스템을 활용했습니다.

2018년 11월부터 2019년 1월에 걸쳐, '일반사단법인 답이 없는 학교'[11]가 실시하는 '폴라리스 어린이 커리어 스쿨 8기'[12]에 하리마 리에코(播磨里江子) 변리사가 협력하여 3회, 発明寺子屋® 프로그램을 진행했습니다. 그 결과, 당시 초등학교 4학년이었던 아이의 아이디어가 특허 취득에 이르렀습니다.

発明寺子屋®에서는 최종 목표 중 하나를 아이들에 의한 특허 취득에 두고 있습니다. 이를 위해서는 우선 아이들에게 AI 특허 평가 시스템에 대해, 그 개요 정도는 이해시킬 필요가 있습니다. 발명이라는 것이 무엇인지, 특허가 무엇을 의미하는지, 어떻게 특허를 취득할 수 있는지 등의 기본적인 지식을 아이들에게 차례대로 배우게 합니다. 그 후, 자신들의 손으로 무엇인가를 발명하고, 그 발명을 모두가 평가하며 발전시켜 최종적으로 특허 취득에 이를 수 있다면 최상입니다. '폴라리스 어린이 커리어 스쿨 8기'는 바로 이러한 목표를 염두에 두고 진행되었습니다.

일련의 과정의 시작점이 되는 것은 아이들의 '마음'입니다. 발명은 반드시 발명자의 '마음'에서 태어납니다. 즉, '자신을 포함한 누군가의 어려움을 해결하고 싶다', '그것을 위해 무언가를 변화시키고 싶다'는 강한 마음이 생깁니다. 그 마음이 구체적인 아이디어로 발전해 가는 것입니다.

発明寺子屋®에서 아이들은, 먼저 마음에서 태어나는 발명의 원석을 찾습니다. 다음으로, 그 원석을 자신만의 방식으로 어떤 형태로든 출력합니다. 이 과정을 통해, 아이들의 발상력과 창출력을 향상시키는 것을 목표로 합니다. 이하에서는 発明寺子屋®가, 일반사단법인 '답이 없는 학교'와의 공동 개최로, 최종적으로 참가자가 특허 취득에 이른 프로그램을 소개합니다.

여기서는 '아이들'을 대상으로 하고 있지만, 이 과정은 어른을 대상으로 한 아이디어 회의에도 그대로 응용 가능합니다. 아이디어를 생각할 때 참고가 되길 바랍니다.

3개월에 걸친 3회의 워크숍

워크숍 개최에 앞서, 저희는 '답이 없는 학교'의 직원들과 면밀히 협의하여, 새로운 발명 교육 프로그램을 처음부터 만들어 냈습니다. 이 워크숍의 독창성은 AI의 활용에 있습니다. 즉, 아이들이 생각해낸 발명에 대해, 지금까지 설명한 AI 특허 평가 시스템을 사용하여 특허 취득 가능성을 객관적으로 평가하고, 발명을 더욱 다듬어 나가는 것입니다.

AI 특허 평가 시스템의 표시 예

AI에 의한 평가를 통해 아이들은 자신의 발명을 기존 기술과 쉽게 비교할 수 있습니다. 구체적으로, 기존 기술과 자신이 생각한 아이디어의 일치점과 차이점을, 시간 들이지 않고 쉽게 이해할 수 있게 됩니다. 기존 기술과의 차이점에 대해 깊이 고민해 나가면, 자신이 생각한 아이디어를 더 독창적인 아이디어로 발전시킬 수 있습니다. 반면, 기존 기술과의 일치점을 명확히 하면, 자신의 발명에 필수적인 요소를 확인하는 힌트를 얻을 수 있습니다.

게다가 AI의 평가뿐만 아니라, 워크숍에 참여한 동년배 친구들과 진행을 맡은 어른들도 평가와 조언을 통해 지원합니다. 실제 커뮤니케이션을 통해 발명자는 자신의 '마음'을 재확인할 수 있고, 자신이 미처 깨닫지 못한 힌트를 얻을 수 있습니다. 몇 개월에 걸친 3회의 프로그램은, 아래와 같은 과정으로 진행되었습니다.

〈프로그램 내용〉

(1) 발명의 씨앗 찾기

② 발명의 씨앗을 키우기(발명과 특허에 대해 이해하기)

③ 발명을 확장하고 더욱 키우기

④ 특허출원 ※ 희망자만

⑤ 특허청에 의한 심사 ※ 희망자만

〈참가자〉

대상 : 초등학교 3학년부터 6학년까지, 총 20명

〈실시 형태〉

그룹 워크 : 8팀(각 팀 2~4명)＋팀마다 진행자 1명

제1회 : 발명의 씨앗 찾기

각 팀 멤버들은 초면이었기 때문에 처음에는 다소 어색한 분

위기에 휩싸여 있었습니다. 그래서 모두의 마음을 풀어주고, 두근거리면서 아이디어를 생각해 볼 수 있도록 첫 회 프로그램은 팀 대항 발명 게임으로 시작했습니다.

이름하여 '페이퍼 타워 발명 게임'으로, 일반 종이와 셀로판테이프만을 사용해 가능한 한 높은 타워를 만드는 게임입니다. 다만 조건이 하나 있는데, 완성된 타워의 정상에 컵라면을 올려야 한다는 것입니다. 참고로 이 게임은 '페이퍼 타워'라고 불리며, 일본변리사회 관동회[13] 지재창조교육지원위원회에서도 실시하고 있는 발명 공작 게임입니다. 단지 타워를 높게 만드는 것뿐만 아니라, 컵라면을 올려도 흔들리지 않는 안정성이 요구됩니다.

팀별로 작전을 생각할 수 있는 시간은 5분으로, 아이들 나름대로의 아이디어가 활발히 오갔고, 그때까지 만난 적 없던 아이들끼리 순식간에 친해졌습니다. 아이디어 타임이 끝난 뒤에는 제작 타임으로, 각 팀이 자유롭게 자신만의 타워를 만들어 갔습니다. 결과는 매우 치열한 접전이 되었습니다.

이어서 진행한 것은 '발명가의 마음을 생각해 보자'였습니다. 주변에 있는 발명품 'Frixion®(쓰고 지우고 다시 쓸 수 있는 볼펜: 파이롯트 제품)', 'Harinacs®(침이 필요 없는 스테플러: Kokuyo S&T 제품)', '인스턴트 라면'을 소개하고, 각각의 발명품에 대해 '누구를 위해, 어떤 마음으로 만들어졌으며, 어떤 아이디어가 들어갔는지'를 팀 멤버들과 함께 생각해 보았습니다. 그 목적은 발명가의 사고 과정을 간접 체험하는 것입니다.

무엇보다 아이들에게 이해시키고 싶은 것은 '발명'의 본질입니다. '발명'이란, 사람이 '아이디어'를 발휘해 지금까지 존재하지 않았던 '최초'의 무언가를 만들어내는 행위입니다. 그렇다고 완전히 새로운 것만 발명은 아닙니다. 기존에 만들어진 것을 활용하거나 몇 가지를 조합하여 '새로운 가치'를 창출하는 것도 발명입니다. 따라서 '페이퍼 타워'에서 한 것처럼, 종이와 셀로판 테이프라는 이미 존재하는 것을 활용하여 새로운 페이퍼 타워, 즉 새로운 가치를 만들어내는 것도 발명입니다.

새로운 가치를 창출하는 데 중요한 것이 바로 '아이디어'입니다. 지금 있는 것이라도 무언가 '아이디어'를 더하면 발명으로 연결될 수 있습니다. 그러면 어떻게 하면 새로운 '아이디어'를 떠올릴 수 있을까요? '아이디어'를 떠올리는 계기는 두 가지입니다. 바로 '경험'과 '마음'입니다.

구체적으로는, 일상생활 속에서 자신이 무언가 불편을 '경험'한 기억이 없는지, 혹은 누군가가 불편해하며 곤란해하는 모습을 본 '경험'은 없는지 떠올려 봅니다. 그러다가 무언가가 떠오르면, 그 불편함을 어떻게든 해결하고 싶다는 '마음'이 생겨납니다.

경험에서 우러나오는 마음이야말로 발명의 비결이라는 점을 이해한 뒤, 다음으로는 실제로 일상생활 속에 숨어 있는 불편함을 모두 함께 찾아 나섰습니다. 멤버끼리 서로 이야기를 나누기도 하고, 이벤트에 동행한 가족에게 물어보기도 하고, 또는 행사장 안을 이리저리 돌아다니며 무언가 없을지 찾아보기도 했습니다.… 각자가 떠오르거나 발견한 '발명의 씨앗'을 포스트잇에 적어 화이트보드에 붙이며 정리해 나갔습니다. 그렇게 적어 놓은 아이디어들을 바라보는 사이에 새로운 '발명의 씨앗'이 떠오르기도 했습니다. 이러한 아이디어 도출 작업까지가 제1회 워크숍의 마무리였습니다.

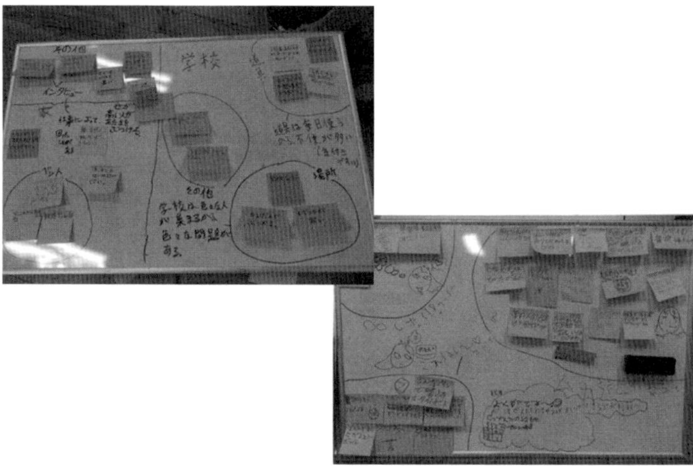

아이들이 찾은 '발명의 씨앗'들

제2회 : 발명의 씨앗을 키우기!

제1회로부터 약 1개월 후에 제2회 워크숍을 개최했습니다. 이 기간 동안 자신만의 발명의 씨앗을 새로 찾은 참가자도 있었습니다. 평소 생활 속에서 불편한 점이 없는지, 누군가 곤란해하고 있지 않은지, 그런 시점을 매일 의식하기만 해도 세상이 보이는 방식이 조금씩 달라집니다. 실제로 그런 경험을 한 멤버도 있었습니다.

제2회의 테마는 발명의 씨앗 중에서 발명이 될 만한 것을 골라 그 발명을 키우는 것입니다. 이 과정에서는 생성형 AI를 활용한 AI 특허 평가 시스템을 이용해 특허 취득 가능성을 객관적으로 평가하고 발명을 개선해 나갑니다.

프로그램의 처음에 변리사가 '특허란 무엇인가'를 설명했습니다. 특허권이란, 쉽게 말해 발명에 대한 '보상'입니다. 자신이 생각해 낸 발명이므로 발명자만이 그 발명을 실제 제품으로 만들거나 판매할 권리를 가질 수 있습니다. 또한 자신의 발명품과 동일한 것을 누군가가 만들도록 허락할 수도 있습니다.

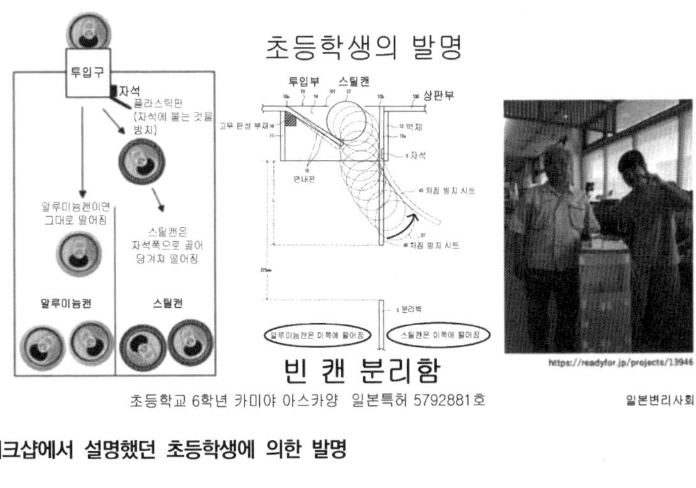

워크샵에서 설명했던 초등학생에 의한 발명

이러한 특허를 얻기 위해서는, 본서에서 이미 설명한 바와 같이 다음 세 가지 조건을 충족해야 합니다.

1. 신규성: 발명이 새로운 것일 것
2. 진보성: 쉽게 떠올릴 수 없는 발명일 것
3. 실현 가능성: 발명을 구체적인 형태로 만들 수 있을 것

이해를 돕기 위해 실제로 초등학생이 특허를 취득한 사례를 사용해 설명했습니다. 슈퍼마켓을 운영하는 할아버지의 곤란함을 어떻게든 해결해 드리고 싶다는 마음을 가진 초등학교 5학년 발명입니다.

<빈 캔 분별함 : 일본 특허 제5792881호>[14]

- 할아버지의 곤란함

가게에 놓인 쓰레기통에 모두가 빈 캔을 버립니다. 빈 캔에는 알루미늄 캔과 스틸 캔이 섞여 있지만, 쓰레기를 수거할 때는 분별해 두어야 합니다. 그래서 할아버지는 매일 시간을 들여 빈 캔을 하나하나 확인하며 분류합니다. 많은 양의 빈 캔을 일일이 확인하며서 분류하는 것은 상당히 힘든 작업입니다.

- 초등학교 5학년 손주의 마음

할아버지의 수고를 덜어 드리고 싶습니다. 이를 위해 먼저 쓰레기통에 빈 캔을 넣으면 자동으로 알루미늄 캔과 스틸 캔이 분별되도록 하는 것이 가장 좋습니다. 그 다음 각각을 별도의 공간에 수납하면 할아버지가 직접 분류할 필요가 없습니다.

• **특허로 이어진 발명**

빈 캔이 굴러가는 경로에 자석을 매설합니다. 그러면 스틸 캔은 자석에 끌리지만 알루미늄 캔은 끌리지 않아 스틸 캔과 알루미늄 캔의 진행 방향이 달라집니다. 이 자석의 힘으로 캔을 분별합니다.

이 초등학교 5학년의 특허를 참고하여 각 팀이 모아 온 수많은 발명의 씨앗을 최종적으로 두 가지 정도로 압축하는 토의를 진행했습니다. 이때는 다음 네 가지를 의식하도록 전달했습니다.

1. 해결하고 싶은 곤란함
2. 해결을 위한 아이디어
3. 있으면 좋을 이점
4. 발명 이미지 도면

모두가 함께 이야기하며 아이디어를 좁혀 가고 확인했습니다. 이미지를 전달하기 위해 그림을 그리는 멤버도 있었습니다. 최종적으로 팀별로 정리한 아이디어를 워크시트에 작성하고 모두 앞에서 프레젠테이션을 진행했습니다.

프레젠테이션에 대해서는 참가자 전원이 질문을 던지고 의견 교환도 이루어졌습니다. 참고로 아이들끼리의 토론과 어른이 하는 토론에는 결정적 차이가 두 가지 있습니다. 첫째, 아이들 토론에서는 아이디어를 실현하는 데 드는 비용을 전혀 의식하지 않습니다. 둘째, 아이들은 비용을 포함한 실현 가능성에 대해서도 거의 고려하지 않습니다.

아이들 토론에서는 다음과 같은 의견 교환이 이루어졌습니다.

- 해결하고 싶은 곤란함에 관해 누군가 알고 있는 정보를 제공하기

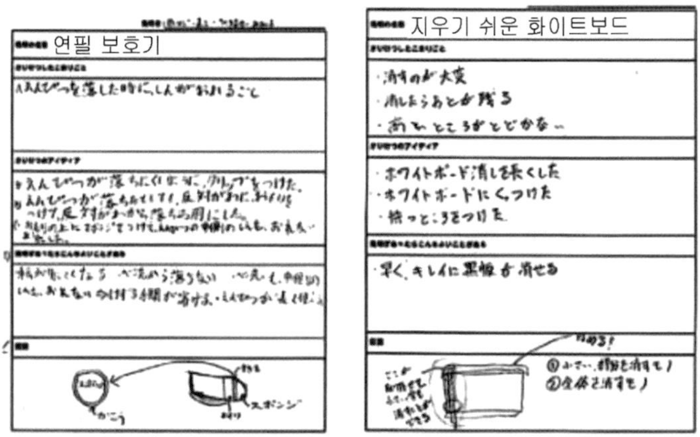

팀별로 정리한 워크시트, 왼쪽의 '연필보호기'는 제5장에서 소개한 사례입니다.
이 발명은 최종적으로 특허 취득에 도달했습니다.
일본특허 출원 공개 제2020-146869호

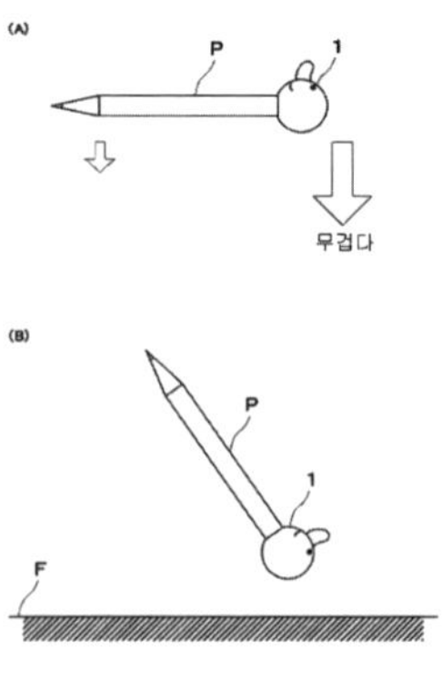

- 해결을 위한 아이디어를 듣고 다른 사람이 떠올린 아이디어를 전달하기
- 아이디어를 들으며 눈에 띄는 문제점을 전달하기

이렇게 자신들이 떠올린 발명의 씨앗을 한층 키우기 위한 실마리를 얻은 뒤 제3회 워크숍 전까지 해결책을 각자 검토해 오는 것이 과제로 주어졌습니다.

제3회 : 발명품을 개선하자

제3회 워크숍에서는 각 팀이 정리한 워크시트 내용을 바탕으로 AI 특허 평가 시스템을 이용해 발명의 기술적 평가를 실시했습니다. 이를 통해 각 팀의 아이디어를 A~D의 4등급으로 평가하고 그 결과를 피드백했습니다.

이때 특허청 심사관이 '신규성'을 어떤 기준으로 평가하는지 설명했습니다. 아이들 스스로 '절대 새로워!'라고 확언한 아이디어라도, 다양한 특허를 검토해 온 심사관에게는 '객관적으로 신규성이 없다'고 판단되는 경우가 있습니다.

최종적으로 A등급을 받아 V자를 그리며 하이파이브를 하는 팀이 있는가 하면, C등급에 실망하는 팀도 있었습니다. 그러나 평가가 낮았다고 의욕을 잃는 팀은 없었으며, 오히려 어떻게 하면 더 좋은 평가를 받을 수 있을지 고민하는 모습이 인상적이었습니다.

그 후에 아이디어를 더욱 다듬기 위해 자신들의 발명과 종래 기술을 비교하여 일치점과 차이점을 확인하고, 특히 차이점에 대해 논의하도록 조언했습니다. 이때 활용한 것이 클레임 차트로, 발명의 각 구성 요소와 종래 기술의 유사도를 수치로 표시하여 유사도가 낮을수록 차이점이 될 가능성이 높다는 것을 직관적으로 이해할 수 있습니다.

또한 발명의 포인트와 종래 기술과의 대비를 알기 쉽게 표시한 체크시트(check sheet)를 아이들에게 제시했습니다. 이를 바탕으로 '종래 기술 문헌에 기재되어 있지 않은' 것으로 표시된 발명의 포인트에 대해 각 팀별로 논의를 심화시켜 나갔습니다.

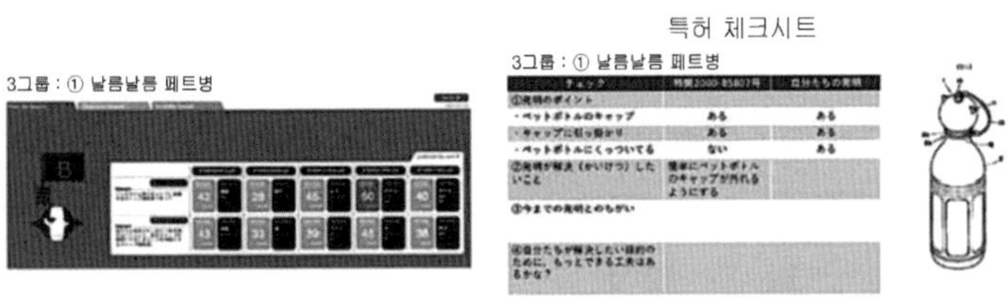

AI 특허 평가 시스템의 의한 기술평가(왼쪽)와 특허 체크시트(오른쪽)의 예

그리고 각 팀별로 최종 프레젠테이션이 진행되었습니다. 이 자리에서는 팀 내에서 논의한 개선 포인트와 그 이유를 자세히 설명하고, 이에 대해 연이어 질문이 쏟아졌습니다. 열띤 발표가 끝난 후 각 팀에게 '발명 인정서'를 수여하며 3개월에 걸친 프로그램은 마무리되었습니다.

특허출원에서 특허획득까지 도전

최종 프레젠테이션 종료 후 희망자 전원이 특허출원을 진행했습니다. 특허출원 서류 작성은 AI Samurai가 담당하고, 출원인에게는 비용을 부담할 필요가 없도록 했습니다. 도전한 어린이들은 자신의 발명을 표현한 특허출원용 문장과 도면을 보며 어려운 표정을 지었습니다.

특허출원을 진행하는 중에 그 특허출원에서 대해 심사청구를 신청하고, 거절 이유 통지 대응, 심사관과의 면담까지 일련의 과정을 거쳐 최종적으로 특허 취득에 도달한 사례를 소개합니다.

〈발명의 명칭: NotWet!! 〉

- 해결하고 싶은 문제: 조금만 틀었다고 생각했는데 물이 세게 나와 젖는 것을 방지하기
- 해결을 위한 아이디어: 물이 나오는 구멍을 조금 더 크게 만들기(위쪽 구멍이 조금 더 크게 설계된 캡(cap)을 씌우기)
- 있으면 좋은 점: 많은 엄마들이 공원에 갈 때 아이 옷을 따로 챙겨 가지 않아도 됨

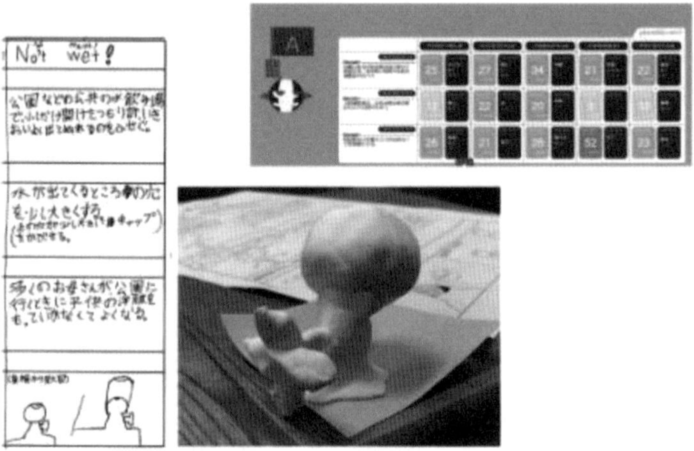

특허출원에 도전했던 아이의 중간 발표시 자료와 점토에 의한 시제품, 기술평가

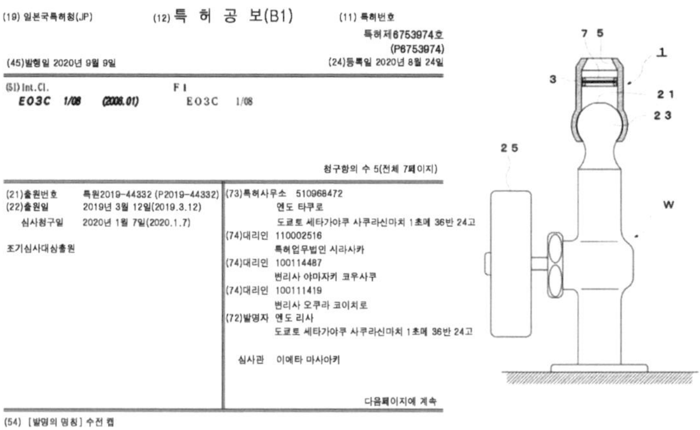

(19) 일본국특허청(JP) (12) 특 허 공 보(B1) (11) 특허번호
특허제6753974호
(P6753974)
(45)발행일 2020년 9월 9일 (24)등록일 2020년 8월 24일

(51) Int.Cl. F I
E03C 1/08 (2006.01) E03C 1/08

청구항의 수 5(전체 7페이지)

(21)출원번호 특원2019-44332 (P2019-44332)
(22)출원일 2019년 3월 12일(2019.3.12)
심사청구일 2020년 1월 7일(2020.1.7)

조기심사대상출원

(73)특허사무소 510968472
엔도 타쿠로
도쿄토 세타가야쿠 사쿠라신마치 1초메 36반 24고
(74)대리인 110002516
특허업무법인 시라사카
(74)대리인 100114487
변리사 야마자키 코우사쿠
(74)대리인 100111419
변리사 오쿠라 코이치로
(72)발명자 엔도 리사
도쿄토 세타가야쿠 사쿠라신마치 1초메 36반 24고

심사관 이에타 마사아키

다음페이지에 계속

(54) [발명의 명칭] 수전 캡

워크숍에서 확인할 수 있었던 내용과 앞으로의 과제

이번 워크숍을 통해 다음의 다섯 가지를 확인할 수 있었습니다.

1. 아이들은 생성형 AI 시스템에 의한 객관적 평가를 하나의 지표로 받아들이고, 그 지표를 축으로 다음 단계로 나아가려 했다(자신감을 얻은 아이도 있었고 개선에 노력한 아이도 있었습니다).
2. 아이들은 AI 시스템의 지원을 받아 자신들의 발명과 종래 기술의 차이점을(어렴풋한 부분까지 포함해) 이해할 수 있었다.
3. 교사나 친구라는 인간의 평가와 AI 시스템 평가의 차이를 인식했다.
4. 아이라 할지라도 발명과 특허의 차이를 이해할 수 있다.
5. 발명 교육을 통해 아이들이 특허출원 및 심사관과의 대화라는 사회적 경험을 할 수 있었다.

한편, 다음과 같은 과제도 명확해졌습니다.

1. 종래 기술과의 비교에서 차이점을 도출하려면 AI 시스템 결과에 더해 어느 정도의 지원이 필요
2. 초등학교 저학년의 경우 발명을 언어화할 때 지원이 필요

3. 특허출원 문서 작성 및 비용 측면에서 지원이 필요

지금까지도 아이들의 아이디어에 대해 교사나 부모가 코멘트를 달아 주는 발명 교육은 여러 차례 이루어져 왔습니다. 그러나 아이들의 아이디어에 대해 AI가 특허 획득 가능성을 평가하는 워크숍은 아마 이번이 최초일 것입니다.

AI 특허 평가 시스템 채택의 가장 큰 이점은 무엇보다도 스피드에 있습니다. 특허 조사는 통상 1건당 최소 1주에서 2주 정도의 시간이 필요합니다. 그러나 AI 특허 평가 시스템을 활용하면 아이들이 워크시트만 작성하면 그 자리에서 거의 실시간으로 기술 평가를 얻을 수 있습니다.

그 결과를 보고 아이들끼리 논의를 거듭하며 아이디어의 질을 높여 갈 수 있습니다. 다시 말하지만, 이 과정을 활용할 수 있는 것은 아이들뿐만이 아닙니다. 스타트업의 아이디어, 중소기업의 연구개발 브레인스토밍, 학생들의 아이디어 회의부터 은퇴한 시니어들의 발명 이벤트에 이르기까지 다양하게 활용할 수 있습니다.

제7장

AI 특허제도가 특허출원을 변화시킬 것이다

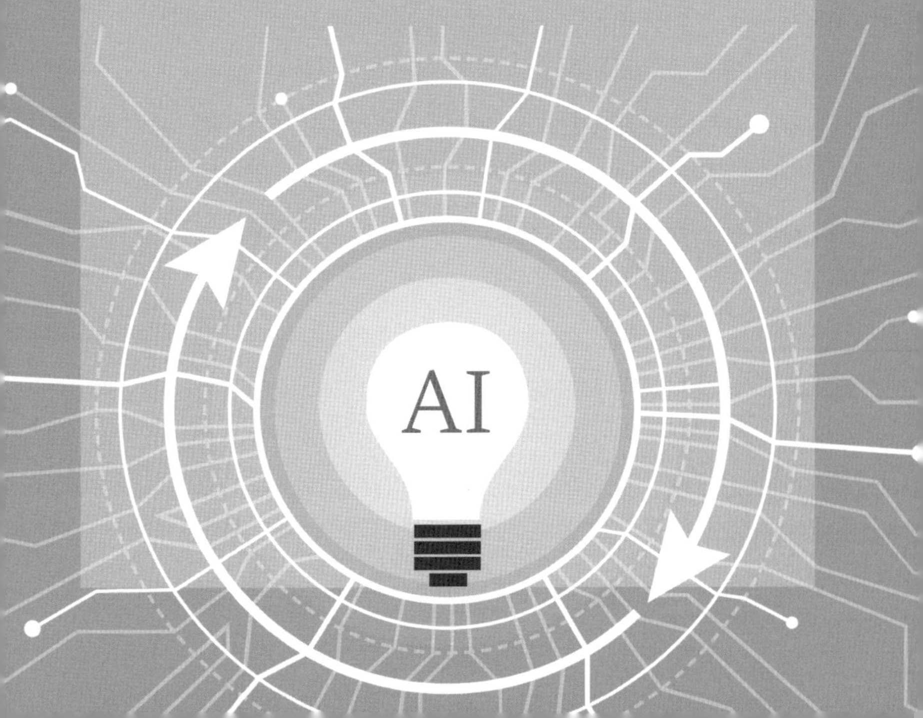

제7장

AI 특허제도가 특허출원을 변화시킬 것이다

특허출원에서의 AI 활용

본서를 마무리하기에 앞서, 변리사이자 변호사이기도 한 시미즈 세츠(清水節) 선생님께 AI를 활용한 특허출원 전략에 대해 듣고자 했습니다. 시미즈 선생님은 오랫동안 판사로서 지적재산권 소송을 담당해 오셨습니다. 퇴직 후에는 '특허 전쟁: 일본이 미국과 중국을 따라잡기 위한 Tech 전략' 세미나 등에서 강연을 하셨고, 논문 "국제화하는 지재 분쟁 대응 – 지재고등재판소가 주최한 국제 심포지엄" 등을 발표하셨습니다. 현재는 제가 경영하는 AI Samurai 주식회사의 사외이사도 맡고 계십니다.

▌AI를 활용해 특허 평가를 수행하거나 특허출원 서류를 작성하는 시스템을, 지적재산을 담당하셨던 전(前) 판사로서 어떻게 보십니까?

시미즈: 저는 AI를 활용해 일본의 특허출원을 활성화하겠다는 시라사카 사장님의 이념에 전적으로 동의하며, 그래서 사외이사로서 협력하고 있습니다. 지적재산 재판에 관여해 온 경험을 바탕으로, 기존 법률의 관점에서 보면 AI를 활용한 특허출원 시스템은 특허법과 저작권법이라는 두 가지 법률과의 관계를 고려할 필요가 있습니다.

▌AI에 의한 특허출원은 저작권법과의 관계를 고려해야 한다는 말씀이군요.

시미즈: 첫째 쟁점은 AI가 작성한 특허출원서에 저작물성을 인정할 수 있느냐입니다. 둘째 쟁점은, 작성된 서류가 기존 문서의 저작권을 침해하지 않았는가를 고려해야 한다는 점입니다.

다시 말해, AI가 작성한 문서를 저작물로 보호해야 하는지, 또한 AI에 의한 문서 작성 과정에서 타인의 저작권 침해가 발생하지 않는지를 검토해야 합니다. 다만 저작권이란 기본적으로 사람에 의한 저작물을 대상으로 하며, 사람 즉 저작자에게 부여되는 권리입니다.

따라서 AI에 의한 저작물을 원래 법적 보호 대상에 포함시킬 것인지부터 재검토해야 할 것입니다.

▌즉, 기존 법률로는 예상하지 못했던 논점이 드러났다는 말씀인가요?

시미즈: 그렇습니다. 특허를 출원하는 것은 어디까지나 사람이며, 이것이 특허법의 전제입니다. AI 등 기계가 독자적으로 특허를 출원하여

권리자가 되는 상황은 특허법에서 상정되지 않습니다. 물론 AI가 문서를 작성했다 하더라도, 실제로 출원 업무를 수행하는 것은 변리사이므로 특허를 출원하는 것은 사람입니다. 그렇다면 AI가 작성한 특허문서의 저작권자를 누구로 정해야 할까요? 이것은 앞으로의 검토 과제일 것입니다.

한편 AI가 출원서를 작성할 때 발생할 수 있는 저작권 침해에 대해서는, 우선 문제없다고 생각합니다. 왜냐하면 AI 특허 작성 시스템이 참조하는 것은 이미 공개된 기술 정보나 기존 특허, 연구 논문 등의 문서들이기 때문에, 인용 출처가 특정 가능한 경우에는 필요에 따라 그것을 명기하면, 그것들이 AI에 의해 수집되고 문서화되더라도 문제가 없을 것이기 때문입니다.

결국 현재로서는 AI가 독자적으로 발명을 하는 것이 아니기 때문에, 문제가 되지 않는다는 말씀이시네요.

시미즈: 발명을 자율적으로 창작하는 AI는 현재 아직 존재하지 않습니다. 만약 앞으로 그런 AI가 등장한다면, 그것은 완전히 다른 차원의 문제를 일으킬 것입니다. 애초에 현 상태의 AI는 기존 문서를 수집해서 깔끔하게 정리한 문서를 작성하는 수준에 불과하며, 그것만으로는 특허가 될 수 없습니다. 왜냐하면 특허에는 어떤 식으로든 브레이크스루(breakthrough)가 요구되기 때문입니다.

반대로 말하면, 만약 앞으로 AI가 독자적으로 브레이크스루(breakthrough)가 될 아이디어를 생각해내는 상황이 현실화된다면 그때에는 다시 한번 재검토할 필요가 있습니다. 그렇더라도, 가령 그런 사태가 일어난다고 해도 특허출원 실무는 변리사가 수행하므로 특허청은 AI가 발명했는지 여부를 알 수 없을 것입니다.

어쨌든 현 시점에서 생각해 보면, 과거 특허를 조사하여 그것과의 충돌 여부를 확인하거나, 떠오른 아이디어를 다듬어 문서화하는 데 AI가 적합하다고 생각합니다.

앞으로 전개될 생성형 AI를 활용한 특허 명세서 작성 등도 문제없다고 생각하시나요?

시미즈: 먼저 저작권에 관해서, AI가 등장하기 이전의 상황을 생각해 봅시다. 지금까지 특허출원 서류를 작성할 때 선행 특허를 참조했다고 해도 저작권이 문제된 사례는 없습니다. 따라서 기존 특허를 참조하면서 생성형 AI가 더욱 세련된 문서를 작성하거나, 선행 특허 발명자의 기술 사상을 읽기 쉽게 바꿔 나가는 작업에 대해서는 특허법의 관점에서 전혀 문제가 없다고 생각합니다.

따라서 이러한 AI 활용 방식이라면 저작권법에도 문제가 없을 것입니다.

애초에 특허란 특정 기술 과제를 해결하기 위한 구조이며, 그 구조 자체를 생성형 AI가 생각해 내는 것은 아니죠.

시미즈: 앞서 언급한 것처럼, 만약 그 정도까지 생성형 AI나 어떤 AI라도 스스로 생각해 낼 수 있게 된다면, 그때에는 세상이 완전히 달라질 것이라고 생각합니다.

하지만 현 상황의 생성형 AI의 구조를 살펴보면, 이미 인터넷 상에 존재하는 데이터를 참조해 그럴듯한 문장만 조립하고 있을 뿐입니다. 즉, 참조하는 것은 이미 존재하는 해결법과 아이디어일 뿐이어서, 그것만으로는 새로운 발명이 될 수 없습니다.

게다가 생성형 AI자체는 인간처럼 '생각하고 있는' 것이 아니라,

어디까지나 의미 전달이 쉽도록 문장을 조립하고 있을 뿐입니다.

확실히 생성형 AI에는 특허의 근원이라 할 수 있는 창조성이 없습니다.

시미즈: 새로운 발명을 생각해 내는 것은 결국 인간의 역할입니다. 특정 기술 과제를 설정한 후 그것을 해결하는 구조가 발명이 되는 것이므로, 새로운 발명을 생성형 AI에게 생각해 달라고 해도 불가능한 이야기입니다. 어디까지나 사람이 떠올린 발명을 세련된 문서로 표현하는 것이 생성형 AI의 역할입니다. 이처럼 발명과 표현의 역할 분담에서 생성형 AI는 매우 유용하다고 생각합니다. 하지만 작성된 특허 문서가 기존의 특허 문서와 매우 유사한 경우에는 저작권법 문제가 발생할 가능성을 완전히 배제할 수 없습니다. 그렇지만 지금까지 사람이 수행해 온 특허출원 신청에서도 그러한 유사성이 문제로 지적된 사례는 없었으므로, 우선은 큰 문제가 없지 않을까요? 애초에 변리사도 특허 서류를 작성할 때 저작권법을 의식한 적은 없었을 것입니다.

AI와의 대화로 아이디어 키우기

생성형 AI의 또 다른 가능성에 대해서는, 제1장에서 소개한 대로 연구자 등은 매일 무언가 아이디어를 떠올리고 있습니다. 그 아이디어에 대해 생성형 AI와 이른바 의견교환을 반복해 나가면 특허의 씨앗이 탄생할 가능성이 있지 않을까요?

시미즈: 연구자들이 구체적으로 생성형 AI를 어떻게 다루고 활용할지는 솔직히 저도 잘 모르겠습니다. 다만, 창의적인 발상이 일어나기 쉬워질 가능성은 있다고 생각합니다. 또한 제1장에서도 언급된

것처럼, 적어도 특허출원 프로세스를 변화시킬 가능성은 상당히 높을 것입니다.

연구자들과 변리사가 대화할 때에는 아마도 서로 간에 상당한 답답함이 있을 것으로 추측됩니다. 게다가 상대가 살아 있는 인간이라면 우선 일정 조정부터 고민해야 하기에, 무언가 떠올랐을 때 '이거 어떻게 생각해?'라고 그 자리에서 편하게 물어볼 수도 없습니다. 하지만 상대가 생성형 AI라면 인간 간의 커뮤니케이션(communication)에서 발생하는 그런 문제는 전혀 존재하지 않습니다. 연구자가 생성형 AI와 특허출원을 전제로 대화를 반복하다 보면, 예상치 못한 방향으로 발상이 비약할 가능성은 충분히 고려할 수 있습니다.

▌ 생성형 AI는 특허 창출을 위한 요람과 같은 역할을 할 수 있다는 의미네요.

시미즈: 그렇게 된다면, 생성형 AI는 물론이고 AI 특허 평가 시스템에도 새로운 활용 가치가 생겨날 수 있지 않을까요? 즉, 떠올린 특허의 씨앗을 생성형 AI로 특허출원에 적합한 문장으로 정리한 뒤, 그것을 AI 특허 평가 시스템에 평가하게 하는 것입니다. 그 결과를 생성형 AI에 피드백하여 수정하고, 그 사이사이에 사람도 여러 가지 착상과 개선점을 덧붙이는 것이지요. 사람과 생성형 AI, 그리고 AI 특허 평가 시스템이 삼위일체가 되어 새로운 아이디어를 특허로 육성해 나가는, 그런 가능성을 기대할 수 있을 것 같습니다.

이러한 패턴의 특허출원은 연구자뿐만 아니라 기업의 지적재산 부서의 직원 등에게도 동일하게 적용할 수 있을 것입니다. 물론,

어쨌든 최종적으로 특허출원을 하는 단계에서는 변리사에 의한 최종 확인이 필요하다고 생각합니다만.

▌ 그렇다면 최초의 아이디어를 내는 것은 연구자에 국한될 필요가 없겠네요.

시미즈: 제6장에 소개되었던 아이들 발상에도 크게 기대할 수 있다고 생각합니다. 기성 개념에 얽매이지 않는 아이들의 독창적인 발상은 바로 아이디어의 보물창고입니다.

게다가 아이들은 실현 가능성이라는 제약을 전혀 의식하지 않을 것입니다. 바로 그 자유분방한 발상이야말로 어른들이 어느새 잃어버린 소중한 능력이라고 할 수 있습니다.

물론, 생성형 AI를 사용하려면 어느 정도 문서화가 요구되기 때문에 초등학교 저학년 등에서는 어른의 지원이 필요하다고 생각합니다. 그렇지만, 초등학생이라도 고학년 정도부터는 스스로 사용할 수 있지 않을까요?

▌ 누구나 조금 떠오른 아이디어를 특허로 키울 가능성이 있습니다. 그렇게 생각하면, 경험이 풍부한 시니어(Senior) 분들의 은퇴 후 즐길 거리 중 하나로 생성형 AI를 활용한 아이디어 회의를 제안할 수 있을 것 같습니다.

시미즈: 나이가 들면 불평이 많아진다고들 합니다. 즉 '이런 점이 곤란하다'거나 '이건 도대체 어떻게 안 될까'라는 식으로 느끼는 기회가 늘어난다는 뜻입니다. 이런 불평을 단순히 노인 특유의 푸념으로 볼 것인지, 아니면 아이디어의 힌트로 볼 것인지 한 걸음 더 나아가 생각하도록 이끈다면 세상이 달라 보일 가능성이 있습니다.

무엇보다 시간이 충분하니, 무언가 곤란한 때마다 '그러면 어떻게 하면 좋아질까?'라고 생각해 보면 될 것입니다.'
그때 아이들과의 차이점은 풍부한 인생 경험을 살릴 수 있다는 점일 것입니다. 과거를 되돌아보며 비슷한 문제를 어떻게든 해결한 사례가 없었는지 생각해 보면, 그것을 응용해 새로운 아이디어를 떠올릴 가능성이 생깁니다.

❙ 그래서 생성형 AI를 상대로 벽에 부딪히면 상대는 기계이기 때문에 뭐든지 불평하지 않고 부담없이 상대해 줄 것 같습니다(웃음).

시미즈: 그런 의미에서 노년층의 대화 상대자로서도 생성형 AI는 최고의 파트너일지도 모릅니다. 항상 대화를 나누면 노화 방지에도 도움이 될 것 같습니다(웃음). 이상적인 얘기이긴 하지만, 그런 사례 중에서 실제로 특허 취득에 이른 시니어 히어로가 탄생하여 사회적 주목을 받게 된다면, 새로운 트렌드가 생겨날 수도 있지 않을까요?

❙ 저로서는 생성형 AI와 AI에 의한 특허 평가 시스템을 통해 일본을 다시 세계 지적재산 강국으로서 부활시키고 싶습니다.

시미즈: 현실적인 이야기로 돌아가면, 하나의 특허 아이디어를 떠올렸을 때 주변 특허를 채워 나가는 과정에서도 생성형 AI를 활용할 수 있을 것입니다. 특히 기계 분야나 전기 분야에서는 하나의 아이디어만으로 비즈니스를 완성하기가 어렵습니다. 개척 특허(pioneer patent) + 주변 특허를 결집하는, 시라사카 씨가 좋아하는 patent mining 전략을 채택할 때에도 생성형 AI가 유용할 것이라고 생각합니다.

특허출원 수를 늘린다는 관점에서는 중국처럼 특허출원에 장려금을 지급하는 제도를 국가가 마련해 준다면 더욱 강력한 후원이 될 것이라고 생각합니다. 생성형 AI를 활용한 특허출원에 저도 큰 기대를 걸고 있습니다.

제8장

변하기 시작한 미래, 특허를 둘러싼 새로운 비즈니스 모델 창출을 향하여

제8장

변하기 시작한 미래, 특허를 둘러싼 새로운 비즈니스 모델 창출을 향하여

특허출원, 다른 차원의 진화

본서를 기획하여 집필을 시작한 것은 2023년 4월이었습니다. ChatGPT-3.5가 등장한 것도 아마 그 무렵이었을 것입니다. 곧장 직접 시도해 본 결과, 이것이 특허출원에도 패러다임 시프트(Paradigm Shift)를 일으킬 도구(tool)가 될 것이라고 확신했습니다.

이에 본서를 집필해 나가면서 동시에, 지금까지 서비스를 제공해 온 AI 특허 평가 시스템과 AI 특허 문서 작성 시스템에 더해, 제5장에서 설명한 대로 생성형 AI를 활용한 특허 문서 작성 시스템 개발도 추진해 왔습니다.

다만 생성형 AI의 이용에 대해서는 많은 기업이 기밀 유출에 대한 우려를 표명하고 있습니다.

이러한 우려가 생기는 것은 어쩔 수 없는 면이 있다고 생각합니다. 왜냐하면 생성형 AI, 구체적으로는 ChatGPT가 사기업인 OpenAI사에서 제공하는 시스템이기 때문에, 그 이용시 정보 유출 가능성을 완전히 없앨 수는 없습니다. 그렇다고 해서 도입을 미루면 패러다임 시프트에서 뒤처질 우려가 있습니다.

우리 변리사들 사이에서도 "생성형 AI에 정보를 입력하면 정보 유출로 이어질 리스크가 있는 것이 아닌가"라든가, "생성형 AI에 특허 정보를 입력·출력하는 순간 그 정보가 OpenAI사에 알려질 수 있습니다. 그래서 특허로서의 신규성을 상실하는 것이 아닌가" 등의 이용 리스크를 지적하는 의견이 나오고 있습니다.

한편으로는 '생성형 AI를 활용하면 특허 조사 키워드나 개념, 과거 특허 문서의 추출을 효율화할 수 있다', '특허 과제의 minig에 사용할 가능성이 있다', '실제로 명세서나 특허청구범위를 작성시켜 보면 어떻겠는가' 등, 지적재산 업무의 효율화 관점에서 AI 활용을 검토하는 의견도 나오고 있습니다.

해외를 보면, 중국에서는 이미 ChatGPT의 지적재산 활용에 관한 논문이 발표되어 있습니다. 이 논문에서 주목할 점은 ChatGPT가 기술 문서나 조사 보고서에 활용될 뿐만 아니라, 지적재산과 재무 데이터를 통합·분석하고 법률·기술·경제·산업 진흥에 관한 각종 정보를 수집 및 초기 정리 등, 정보 획득부터 통합까지 폭넓게 활용될 수 있다고 지적한 부분입니다. 즉 ChatGPT의 활용법을 넓히면 변리사의 업무가 크게 바뀔 가능성이 있다는 것입니다(Prospect of Applying ChatGPT in the Intellectual Property Industry, 2023-03-17, Samson Yu, Lucy Li).[15]

또 EU 공식 홈페이지에서도 ChatGPT의 가능성이 소개되고 있습니다. 여기에는 ChatGPT가 지적재산 면에서 특허·상표·저작권·영업비밀 등의 정보를 제공할 수 있는 기능과 지적재산법, 판례 등의 조사 지원 기능을 갖추고 있다고 쓰여 있습니다. 다시 말해 ChatGPT를 잘 활용하면 지적재산 정보 취급 방식이 크게 변한다는 것입니다(Intellectual Property in ChatGPT, 20 February 2023, IP Helpdesk, EC(European Commission)).[16]

미국에서는 ChatGPT의 지적재산 활용에 대해 검토한 결과, 특허 명세서 중 배경 기술 부분 등 특정 부분에 ChatGPT를 특허 서류 작성에 활용할 가능성이 제시되었습니다. 이것은 매우 구체적으로 좁혀진 내용이며, 실용화까지의 과정도 가능한 것 같습니다(ChatGPT and Intellectual Property (IP) related Topics, March 27, 2023, By Ryan N. Phelan & Matthew R. Care).[17]

이처럼 특허 업계에서도 ChatGPT 활용은 이제 전 세계적인 트렌드가 되어 가고 있으며, 그 활용으로 앞으로의 업무가 극적으로 변화할 가능성이 있는 것이 아니라, 이미 변화하고 있다고 말해야 할 것입니다. 이러한 패러다임 시프트가 이미 시작되고 있는 현 상황을 먼저 인지할 필요가 있습니다.

일본의 지적재산을 더욱 부흥시키기 위한 특허 플랫폼

앞서 언급한 바와 같이 저는 지금 AI 특허 평가 시스템, AI 특허 문서 작성 시스템에 더해 GPT(ChatGPT를 다른 애플리케이션에서 이용하는 API)를 활용하는, 보다 변리사에 가까운 특허 문서 작성 시스템 개발을 진행 중이며, 이제 최종 단계에 접어들고 있습니다. 본서가 발간될 무렵에는 새로운 서비스로서 릴리스할 수 있을 예정입니다.

새 서비스로는 다음 두 가지를 전개할 예정입니다.

첫째는 지금까지 제공해 온 'AI Samurai'에 GPT를 탑재하여, 보다 변리사에 가까운 특허 문서를 작성하는 기술형(記述型) 특허 서류 작성입니다.

둘째는 보다 혁명적인 서비스라고 자부하는, 제5장에서 설명한 대화형(対話型) 특허 서류 작성 시스템입니다. 예를 들어 어떤 아이디어가 떠올랐을 때 GPT와 대화를 반복하며 그 아이디어를 특허로 다듬어 가는 구조입니다.

이 시스템에는 변리사로서 그동안 쌓아 온 노하우를 응축해 탑재했습니다. 즉, 특허 서류에 반영해야 할 요소를 발명자로부터 이끌어 내어 문서로 구현할 수 있도록 설계했습니다. 일반적인 GPT는 질문을 프롬프트(prompt)의 형태로 던져 답을 문장으로 출력하게 하지만, 이 시스템에서는 AI가 직접 질문을 해 옵니다.

구체적으로는 변리사의 노하우를 탑재한 질문형 시스템(GPT를 활용한 시스템)이 질문을 반복함으로써, 아이디어를 생각한 사람의 콘셉트를 문서화해 나갑니다. 사실 이 시스템에 대해서도 앞서 언급한 특허를 이미 취득했습니다. 이 시스템을 활용하면 일본의 특허출원 상황을 극적으로 바꿀 가능성이 생깁니다.

이 시스템을 베이스로 지금 기획 중인 서비스가 'AI 지원에

미래 전망: 질문형 특허서류 작성 시스템(발명 창출 AI)

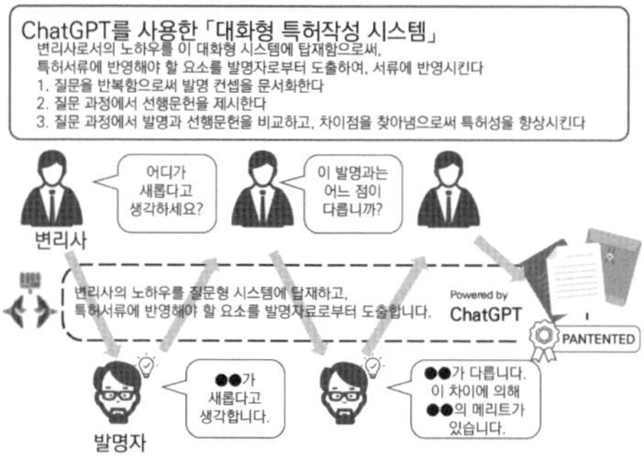

[특허 취득] ChatGPT특허
발명의 명칭: 지적재산 지원 시스템
특허번호: 일본특허6185209
출원번호: 일본특허출원2017-503029
출원일: 2016년 9월 1일
발명자: 시라사카 하지메, 반마 리에코

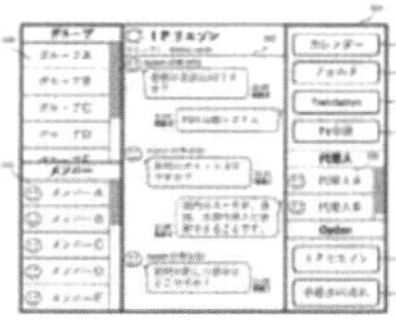

의한 특허 유통 시장(가칭)'입니다. 이는 떠오른 아이디어를 특허 문서화하고, 특허출원을 통해 지적재산권을 보호한 뒤 아이디어를 공개하여 스폰서나 후원자를 찾아 아이디어를 실용화하는 플랫폼(platform), 다시 말해 특허 아이디어를 자유롭게 유통시키는 시장입니다.

ChatGPT를 활용한 의견교환 시스템은 누구나 간단히 사용할 수 있습니다. 따라서 이를 이용해 예를 들어 어린이가 '태양전지로 움직이는 하늘을 나는 자전거'라는 아이디어를 특허 서류로 완성했다고 가정해 보겠습니다. 이 특허를 AI 지원에 의한 특허 유통 시장에 공개하면, 이를 보고 실용화 가능성을 느낀 곳이 있다면 그 특허를 구매할 수 있습니다. 아이디어의 가치가 인정되면 대가를 얻을 수 있는 구조입니다.

더 나아가 기업이 특허 아이디어를 공모하는 플랫폼(platform)

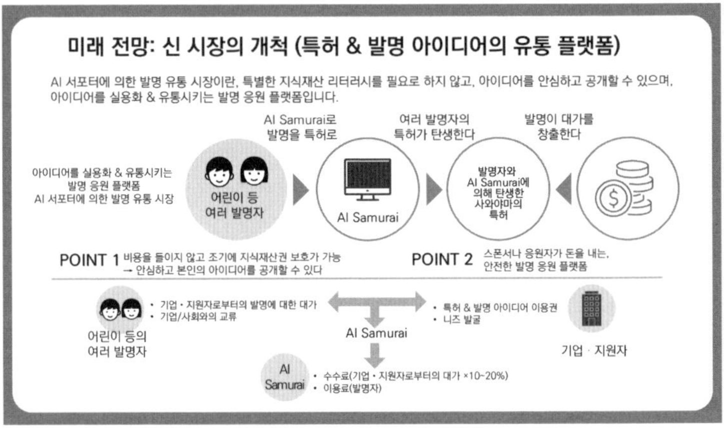

으로서의 활용도 상정하고 있습니다. 예를 들어 문구류 제조업체가 '중학생 남학생들이 끌릴 만한 다기능 필기구에 대한 아이디어를 주세요'라고 제안하는 식입니다. 이때 상금도 예를 들어 특등 10만 엔, 1등 5만 엔 등으로 명시해 두고, 실제로 좋은 아이디어가 나오면 내용에 따라 상금을 제공하는 것입니다.

이 플랫폼(platform)은 어린이에 한정된 것이 아니라, 아이디어에 관심 있는 사람이라면 누구든지 이용할 수 있길 바랍니다. 기업의 지재부서에 속한 사람은 물론이고, 중소기업이나 벤처에서 무언가 아이디어를 떠올린 사람들에게도 적극 활용되길 기대합니다.

그렇게 된다면 AI 지원에 의한 특허 유통 시장은 오픈 이노베이션(Open Innovation) 플랫폼(platform)이 되지 않을까요? 특허를 활발히 유통시켜 뛰어난 아이디어를 실용화해 나간다면, 일본은 반드시 지적재산 강국으로 부활할 수 있을 것입니다.

진화하는 AI를 우군으로 삼아 지적재산 강국으로!

ChatGPT의 진화도 멈출 줄 모릅니다. 본서의 지필을 마무리하던 중에 큰 움직임이 있었습니다. 드디어 이미지를 읽고 그 내용을 인식할 수 있게 되었습니다.

특허 문서에는 도면이 첨부되지만, 지금까지는 도면을 ChatGPT로 활용하는 방법이 없었습니다. 얼마나 내용을 읽어주고, 특허출원에 사용할 만큼의 문서를 작성할 수 있는지 시험삼아 AI Samurai의 일본 특허 제6531302호의 도2를 GPT－4에 읽혀 질문해 보았습니다.

ChatGPT에 읽혀 질문한 도면

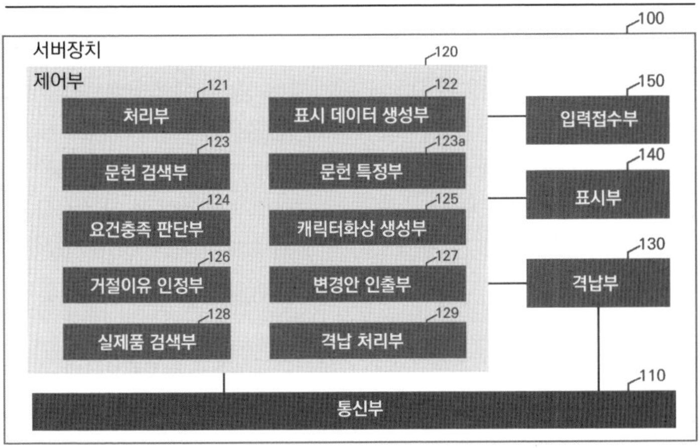

Q: 이것을 특허출원의 실시예가 되도록 설명을 작성해 주세요.

Chat GPT

이 이미지를 토대로 특허출원의 실시예를 작성합니다. 다만 이미지의 내용이 제한적이므로 세부 기능이나 방법은 가정하여 설명합니다.

실시예

도면은 특허 검색을 위한 소프트웨어 프로그램의 시스템 구성도를 나타냅니다.

시스템(120)은 여러 모듈로 구성됩니다. 정보입력 모듈(121)에서는 사용자로부터 특허 정보의 입력을 받습니다. 이 정보는 검색 대상에 대한 키워드, 출원일, 출원인 등 특허 검색에 필요한 정보를 포함합니다.

정보정리 모듈(123, 123a)은 입력된 정보를 정리하고, 검색 쿼리(query)를 생성합니다. 정리모듈(124)은 이 쿼리를 최적화해 고속 검색을 실현합니다.

데이터베이스 접속 모듈(125)은 검색 쿼리를 데이터베이스(database)에 전송합니다. 여기서는 전 세계의 특허 데이터베이스(database)에 접근하여 관련 특허 정보를 획득합니다.

결과 정리 모듈(127)은 획득한 특허 정보를 정리하여 사용자에게 보기 쉬운 형태로 표시합니다. 한편, 결과 출력 모듈(129)은 정리된 결과를 사용자에게 출력합니다. 출력 형식은 리스트 표시, 그래프 표시 등 사용자 니즈에 따라 변경할 수 있습니다.

이 시스템은 통신 모듈(130)을 통해 외부 기기나 서버와 통신할 수 있습니다. 사용자는 검색 결과를 외부 기기에 저장하거나 다른 사용자와 공유할 수 있습니다.

또한 시스템은 조작 모듈(140)과 연동하여 사용자로부터의 조작을 접수합니다. 조작 모듈(140)은 검색 시작, 결과 필터링, 표시 형식 변경 등 사용자의 조작에 따라 시스템의 동작을 제어합니다. 본 실시예의 시스템은 특허 정보를 고속으로 검색 · 정리할 수 있습니다. 사용자는 이 시스템을 사용함으로써 효율적으로 특허 정보를 확보하고 분석할 수 있습니다.
이 설명은 제공된 이미지를 바탕으로 가정한 내용을 기반으로 한 것입니다. 실제 특허출원을 진행할 때에는 구체적인 기술 내용과 고유한 기능에 따라 상세한 설명을 할 필요가 있습니다.

이상이 ChatGPT의 답변입니다. 도면만으로 이 정도를 읽'냈다는 사실이 놀랍습니다. 특히 '특허 검색을 위한 소프트웨어'라는 것을 이해해냈다는 점에 감탄했습니다. 이 도면과 특허를 연결짓는 힌트가 되는 것은 126이 거절이유 인정부로 표기되어 있다는 사실뿐이기 때문입니다. 다만, 현 시점에서는 도면의 블록도(block diagram) 상 문자가 잘못 인식될 수 있으므로 반드시 확인이 필요합니다.

다음으로 루이판 재팬(Louisfan Japan)의 일본 특허 제5324681호의 도1(오른쪽 그림)을 읽혔습니다. 설명이 없으면 콘서트 라이트임을 알기 어려울 수도 있습니다.

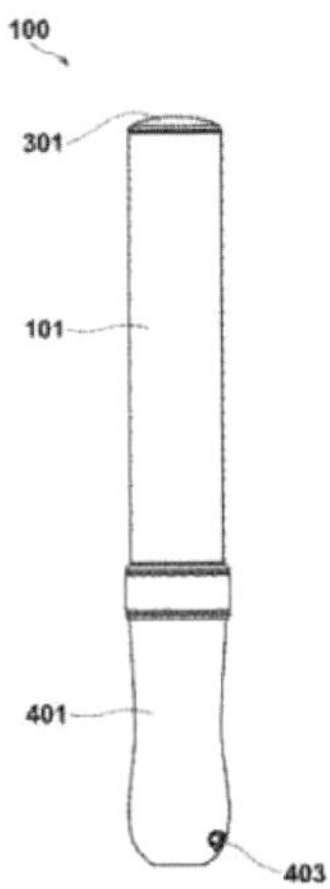

Q: 이것을 특허출원의 실시예가 되도록 설명을 작성해 주세요.

Chat GPT

이 이미지를 토대로 특허출원의 실시예를 작성합니다. 이하 설명을 표시합니다.

실시예

도면은 신형 필기구(100)의 단면도입니다.

필기구(100)는 본체부(101), 잉크수용부(301) 및 선단부(401)로 구성됩니다. 본체부(101)는 사용자가 필기 시 잡는 부분으로, 쾌적한 그립감을 제공하기 위한 인체공학적 디자인이 고려되어 있습니다.

잉크 수용부(301)는 필기구(100)의 내부에 배치되어 잉크를 수용합니다. 이 부분은 투명하거나 반투명한 소재로 형성될 수 있어 사용자가 잉크 잔량을 시인할 수 있는 구조입니다.

선단부(401)는 잉크가 필기면에 공급되는 부분으로, 가는 문자나 선을 그릴 수 있는 섬세한 선단이 특징입니다. 또한 선단부(401)의 기부에는 잉크 흐름을 조절하기 위한 조절기구(403)가 배치되어 있어, 이 조절기구(403)를 통해 필기구(100)는 굵은 선부터 가는 선까지 사용자의 필기 압력에 따라 잉크 공급량을 변경할 수 있습니다.

이 신형 필기구 (100)는 높은 필기감과 사용감을 실현하기 위한 독자적인 기능과 구조를 갖추고 있습니다. 특히 조절기구(403)에 의한 잉크 공급량의 조절은 사용자가 다양한 필기 압력에서 필기감을 즐길 수 있다는 점에서, 종래의 필기구와는 확연히 차별화됩니다.

이 설명은 제공된 이미지를 바탕으로 가정된 내용을 근거로 하고 있습니다. 실제 특허출원을 진행할 때에는 구체적인 기술 내용과 독자적인 기능을 토대로 상세한 설명을 수행할 필요가 있습니다.

ChatGPT는 이 도면을 필기구로 잘못 인식했습니다. 그래서 다음과 같이 기재했습니다.

Q: 필기구가 아니라 콘서트 라이트(Concert light)입니다.

Chat GPT

죄송합니다. 다시 한번 콘서트 라이트로서의 실시예를 작성하겠습니다.

실시 도면은 신형 콘서트 라이트(100)의 단면도입니다.

콘서트 라이트(100)는 본체부(101), 전지 수용부(301) 및 조명부(401)로 구성됩니다. 본체부(101)는 사용자가 콘서트나 이벤트 시에 잡는 부분으로, 미끄러지지 않고 잡기 쉬운 디자인이 고려되었습니다.

전지 수용부(301)는 콘서트 라이트(100)의 내부에 배치되어 전지를 수납합니다. 이 부분은 뚜껑을 열어 전지를 교환할 수 있는 구조로 되어 있습니다.

조명부(401)는 LED 및 발광다이오드를 포함하는 광원을 갖추어 밝고 선명한 빛을 방출할 수 있습니다. 또한 선단부에는 빛의 확산과 색상 변화를 돕는 렌즈 및 필터(403)가 배치되어 있습니다. 이 필터(403)를 통해 다양한 색상과 패턴의 빛을 방출함으로써 콘서트나 이벤트의 분위기를 한층 더 고조시킬 수 있습니다.

이 신형 콘서트 라이트(100)는 사용 편의성과 시각적 효과를 모

> 두 만족시키는 설계가 특징입니다. 특히 필터(403)를 통한 빛의 색상 및 패턴 변화는 콘서트의 흥분과 감동을 더욱 고조시키는 요소로 주목받습니다.

이 설명은 제공된 이미지를 바탕으로 가정된 내용을 근거로 하고 있습니다. 실제 특허출원을 진행할 때에는 구체적인 기술 내용과 독자적인 기능을 토대로 상세한 설명을 수행할 필요가 있습니다.

마지막으로 한 가지 더, ChatGPT 활용 사례를 소개합니다. 사실 ChatGPT는 상표등록에도 활용할 수 있습니다. 상표등록에 필요한 문서는 특허출원보다 분량이 적습니다. 이 문서를 ChatGPT가 정확하게 작성해 줍니다.

예를 들어 AI Samurai가 등록한 상표 'IP LANDSCAPE'의 경우는 다음과 같습니다.

먼저 상표 'IP LANDSCAPE'의 지정상품·서비스업은 제9류 상품인 '인공지능 기능을 갖춘 전자계산기용 프로그램(이하 생략)'과 제42류 서비스업인 '인공지능 프로그램(전자계산기용 프로그램)의 제공'입니다.

이와 관련하여, 다음과 같은 질문을 GPT－4에 던져 답변을 받아 보았습니다.

Q: 저는 특허 검색 소프트웨어 프로그램을 개발하고 있습니다. 또한 이 프로그램을 제공하고 있습니다. 상표등록출원의 지정상품 · 서비스업은 몇 류에 어떻게 기재해야 할까요?

Chat GPT

특허 검색용 소프트웨어 프로그램을 개발하고 해당 프로그램을 제공하는 경우, 지정상품 · 서비스업은 니스협정에 따른 국제 상품 · 서비스 분류(Nice Classification)에 따라 특정 '류'로 분류해야 합니다.
아래는 상표등록출원 시 지정상품 · 서비스 기재 예입니다:
제9류:
컴퓨터 소프트웨어 프로그램
특허 검색용 컴퓨터 소프트웨어
제42류:
컴퓨터 소프트웨어 제공 서비스
컴퓨터 소프트웨어 커스터마이징 서비스
온라인 특허 검색 서비스

제9류는 컴퓨터 관련 하드웨어 및 소프트웨어(Software) 그리고 그러한 프로그램이나 데이터 캐리어(Data carrier)를 포함합니다. 한편 제42류는 과학적 · 기술적 서비스(Service) 및 연구, 그리고 이에 관련된 소프트웨어(Software)의 제공 및 커스터마이징(Customizing) 서비스(Service)를 커버합니다.
소프트웨어 자체의 등록과 소프트웨어를 제공하는 서비스의 등록을 모두 수행함으로써 상표 보호를 더욱 강고하게 할 수 있습니다. 다만, 출원하는 국가나 지역에 따라 지정상품 · 서비스업의 기재 방법이나 요건이 미묘하게 다를 수 있으므로, 구체적인 출원 절차를 진행하기 전에 해당 국가의 특허청 가이드라인이나 전문가의 의견을 참조할 것을 권장합니다.

흠잡을 데 없습니다. 즉, 상표 등록에도 ChatGPT를 활용할 수 있습니다.

이에 변리사법인 시라사카에서는 통상의 상표등록출원과 별도로 온라인 서비스로 ChatGPT를 활용한 '온라인 상표등록 출원 서비스'를 제공하고 있습니다.

마지막으로 조금만 홍보를 드리자면, 변리사법인 시라사카의 '온라인 상표등록출원 서비스'에는 다음과 같은 특징이 있습니다.

- 온라인으로 완결, 최단 1일 내 출원 가능
- 변리사에 의해 15분 무료 상담 후 출원 가능

본서에서 서술해 온 것처럼, 저는 ChatGPT를 적극적으로 활용하여 지적재산 강국·일본을 실현할 플랫폼 실현에 매진하고 있습니다. AI Samurai는 미국의 조사기관 CBI Insights가 2023년에 발표한 The Legal Tech Market Map에 Intellectual Property(IP) Management Software 분야로 등재되는 등, 국제적으로도 높은 평가를 받고 있습니다. 앞으로의 더욱 발전을 기대해 주시기 바랍니다.

끝내며

시라사카 군, 방위대학교를 졸업하고 자위대에 입대하지 않기로 선택한다면, 국가에 대한 기여 의식(로열티)을 갖고 민간에서 가장 존귀한 일, '지식을 전달하는 일'에 종사하여 이를 통해 국가에 보답할 것을 권합니다. 이 조언은 졸업연구 지도교수였던 고(故) 사토 헤이하치 선생님(방위대학교 OB)께 받은 것입니다.

저는 한때 자위대로 진로를 정하는 것에 갈등을 느꼈고, 그것을 포기한다는 데 죄책감을 가졌습니다. 하지만 사토 선생님으로부터 받은 이 격려의 메시지는 지금도 제게 마음의 버팀목이 되어 주며, 선생님의 조언을 계속 지켜야 한다고 생각합니다.

저는 무엇을 '지식으로서 전달할' 것인가, 일본에 있어 무엇이 중요한지 고민했습니다. 일본은 자원이 제한되어 있음에도 과거에 고도성장을 이루어 세계에서 빛을 발한 적이 있습니다. 이 번영의 원동력은 일본의 발명 능력이라고 생각합니다. 저는 이시카와 야스오 변리사(방위대학교 OB)의 지도를 받아 변리사 시험을 치러 변리사로서의 기초 지식을 획득했습니다. 그 후 기업과 특허사무소에서 경험을 쌓아온 그 지식과 경험을 활용하여,

변리사의 노하우를 AI화하여 일본 기업의 발명 능력을 촉진하는 데 이바지하고자 합니다.

마지막으로 AI Samurai가 2019년 9월, '차세대 스탠더드를 구축할 주목 스타트업 46사' 중 하나로 다이아몬드사 『넥스트 더 퍼스트46』에 선정된 것에 깊이 감사드립니다. 본서를 일본에 출판할 때는 다이아몬드사에 의뢰하고 싶었는데, 그 소원이 이루어진 데 대해서도 감사드립니다.

또한 협력해 주신 TresAlchemix 주식회사, 루이판 재팬 주식회사, 야나기다 국제 법률 사무소의 시미즈 세쓰(清水節) 선생님, AI Samurai 주식회사·변리사법인 시라사카의 변리사 하리마 리에코(播磨里江子)에게도 진심으로 감사의 마음을 전합니다. 그리고 변리사법인 시라사카, AI Samurai 주식회사에서 협력해 준 모든 분들과 동문 여러분, 일본의 지적재산에 기여하기 위해 함께 노력해 주신 분들께 감사드립니다.

언제나 따뜻하게 지켜봐 주시는 부모님, 아내, 아들·딸, 시바견 안짱에게도 진심으로 감사드립니다.

2023년 11월

시라사카 하지메

참조 자료

1 산업재산권제도(JPO)의 역사
https://www.jpo.go.jp/introduction/rekishi/seido-rekishi.html
2 과학기술지표 2023 (국립과학기술정책연구원 · 문부과학성)
https://www.nistep.go.jp/research/science-and-technology-indicators-andscie ntometrics/indicators/
3 지적재산 스킬 표준 Version2.0 취급 설명서 (일본 특허청)
https://www.jpo.go.jp/support/general/document/chizai_skill_ver_2_0/check_sheet.pdf
4 J-Plat Pat(특허 정보 플랫폼) https://www.j-platpat.inpit.go./jp
5 IP LANDSCAPE 특허 검색 https://AI Samurai.co./jpiplandscape/
6 비즈니스 성장을 위한 지적재산권 지원(산업재산권 정보 및 연수센터)
https://www.inpit.go.jp/katsuyo/index.html
7 소송 종료 통지 (루이판 재팬(Ruifan Japan))
https://ruifan.co.jp/news/sosyou/
8 선행기술조사실무 (공업소유권 정보 및 교육 센터)
https://www.inpit.go.jp/content/100866552.pdf
9 AI와 변리사의 협업을 통한 진보성 판단-선행 특허문헌 조사 서치 시스템 의 발명 현장의 도입-(시라사카 하지메)
https://dspace.jaist.ac.jp/dspace/bitstream/10119/17468/2/paper.pdf
10 Evaluating GPT-4 and ChatGPT on Japanese Medical Licensing Examinations
https://arxiv.org/abs/2303.18027(Jungo Kasai 외)
11 일반사단법인 정답이 없는 학교
https://kotaenonai.org/
12 [2018년 하반기] 발명×탐구: 폴라리스 어린이 커리어 스쿨 제8기

보고서(후지와라 사토시)
http://kotaenonai.org/blog/report/3416/
13 일본 변리사 협회 간토회
https://ipe.jpaa-kanto.jp/
14 빈 캔 분류함
https://patents.google.com/patent/JP5792881B1/ja/
15 Prospects of Applying ChatGPT in the Intellectual Property Industry (Samson Yu, Lucy Li)
https://en.kangxin.com/html/2/218/219/220/19539.html
16 Intellectual Property in ChatGPT (European Commission)
https://intellectual-property-helpdesk.ec.europa.eu/news-events/news/intellectual-속성-ChatGPT-2023-02-20_en/
17 ChatGPT and Intellectual Property (IP) related Topics (Ryan N. Phelan, Matthew R. Carey)
https://www.patentnext.com/2023/03/chatgpt-and-intellectual-property-iprelated-주제/

저자

시라사카 하지메(白坂 一)

박사(지식과학), 변리사, 국가시험 지적재산관리기능검정위원, 경제산업성 Healthcare Innovation Hub 자문위원.

1977년 오사카부 출생. 2001년 방위대학교 이공학부 졸업 후 2003년 기계학습(machine learning)에 의한 영상처리 연구로 요코하마국립대 대학원 환경정보학부 박사과정 수료. 후지필름 입사 후 지적재산 업무를 거쳐 2011년 변리사 사무소 '변리사법인 시라사카'를 설립. 또한 나스닥 상장 및 마더스 상장 빅데이터(Big Data) 분석 기업 관련사의 사장직을 역임하고, 2015년 리걸테크(LegalTech) IT 기업 AI Samurai를 창업하여 약 10억 엔의 자금조달을 통해 AI(인공지능)를 활용한 특허 심사·특허 서류 작성 시스템을 개발을 수행. 사회인 학생으로 AI와 변리사의 협업에 의한 진보성 판단 연구를 진행하여 2021년 호쿠리쿠 선단과학기술대학원대학 첨단과학기술연구과 박사후기과정 수료. 2019년 'JEITA 벤처상', 2022년 '간토 지방 발명표창 발명장려상' 수상.

AI samurai 홈페이지: www.shirasakapat.com

역자

김은구

변리사이고 특허쟁이. 특허법인 유일하이스트(www.youhighest.com)를 운영하면서 디스플레이, 통신표준, 반도체, 인공지능에 대한 특허업무를 25년 동안 수행. 양자역학과 양자컴퓨터가 산업의 대세가 될 것으로 기대하면서 이와 관련된 특허업무 연구 중. 공저로 "돈버는 1% 특허의 비밀"이 있고, "애국가도 돈내고 부르라고요(특허와 상표지)" 등 다수의 글을 발표.

유일하이스트 링크드인:

www.linkedin.com/company/yuil-highest-int-patent-and-law-firm/posts/?feedView=all

특허 3.0 AI를 활용하여 지적재산 강국으로

초판발행 2025년 7월 25일

지은이 시라사카 하지메
옮긴이 김은구
펴낸이 안종만 · 안상준

편 집 우석진
기획/마케팅 조성호
표지디자인 BEN STORY
제 작 고철민 · 김원표

펴낸곳 (주) 박영사
서울특별시 금천구 가산디지털2로 53, 210호(가산동, 한라시그마밸리)
등록 1959. 3. 11. 제300-1959-1호(倫)
전 화 02)733-6771
f a x 02)736-4818
e-mail pys@pybook.co.kr
homepage www.pybook.co.kr
ISBN 979-11-303-2461-6 93360

정 가 15,000원